交通技工院校汽车运输类专业新课改教材

汽车电路识图
（第3版）

邱　斌　王珊珊　主　编
　　　　田小农　副主编

人民交通出版社股份有限公司
北　京

内 容 提 要

本书是交通技工院校汽车运输类专业新课改教材之一,主要内容包括:汽车电路原理图常用符号、汽车电路图的类型与功能、典型车系电路图识读方法、车辆典型系统电路图识读、常用汽车电气缩略词语。

本书是交通技工院校、中等职业学校的汽车维修、汽车电器维修专业的核心课程教材,也可作为汽车维修专业技术等级考核及培训用书和相关技术人员的参考用书。

图书在版编目(CIP)数据

汽车电路识图/邱斌,王珊珊主编. —3 版. —北京:人民交通出版社股份有限公司,2023.1
ISBN 978-7-114-18346-1

Ⅰ.①汽… Ⅱ.①邱… ②王… Ⅲ.①汽车—电气设备—电路图—识图—中等专业学校—教材 Ⅳ.①U463.620.2

中国版本图书馆 CIP 数据核字(2022)第 219675 号

Qiche Dianlu Shitu

书　　名:	汽车电路识图(第 3 版)
著 作 者:	邱　斌　王珊珊
责任编辑:	郭　跃
责任校对:	席少楠　刘　璇
责任印制:	刘高彤
出版发行:	人民交通出版社股份有限公司
地　　址:	(100011)北京市朝阳区安定门外外馆斜街 3 号
网　　址:	http://www.ccpcl.com.cn
销售电话:	(010)59757973
总 经 销:	人民交通出版社股份有限公司发行部
经　　销:	各地新华书店
印　　刷:	北京市密东印刷有限公司
开　　本:	787×1092　1/16
印　　张:	13
字　　数:	216 千
版　　次:	2005 年 10 月　第 1 版
	2016 年 8 月　第 2 版
	2023 年 1 月　第 3 版
印　　次:	2023 年 1 月　第 3 版　第 1 次印刷　总第 13 次印刷
书　　号:	ISBN 978-7-114-18346-1
定　　价:	39.00 元

(有印刷、装订质量问题的图书,由本公司负责调换)

第3版前言

为适应社会经济发展和汽车运用与维修专业技能型人才培养的需求,交通职业教育教学指导委员会汽车(技工)专业指导委员会陆续组织编写了汽车维修、汽车营销、汽车检测等专业技工、高级技工及技师教材,受到广大职业院校师生的欢迎。随着职业教育教学改革的不断深入,职业学校对课程结构、课程内容及教学模式提出了更高、更新的要求。《国家职业教育改革实施方案》提出"引导行业企业深度参与技术技能人才培养培训,促进职业院校加强专业建设、深化课程改革、增强实训内容、提高师资水平,全面提升教育教学质量"。为此,人民交通出版社股份有限公司根据职业教育改革相关文件精神,组织全国交通类技工、高级技工及技师类院校再版修订了本套教材。

此次再版修订的教材总结了交通技工类院校多年来的汽车专业教学经验,将职业岗位所需要的知识、技能和职业素养融入汽车专业教学中,体现了职业教育的特色。本版教材改进如下:

1. 教材编入了汽车行业的最新知识、新技术、新工艺,更新现有标准规范,同时注意新设备、新材料和新方法的介绍,删除上一版中陈旧内容,替换老旧车型。

2. 对上一版中错漏之处进行了修订。

本书由苏州建设交通高等职业技术学校邱斌、王珊珊担任主编,田小农担任副主编。编写分工为苏州建设交通高等职业技术学校邱斌编写绪论、单元二;苏州建设交通高等职业技术学校田小农编写单元一;苏州建设交通高等职业技术学校王珊珊编写单元三;苏州建设交通高等职业技术学校花建新编写单元四中的课题一、课题二、课题三;苏州建设交通高等职业技术学校孙建编写单元四中的课题四、课题五、课题六;无锡汽车工程高等职业技术学校王勇编写单元四中的课题七、课题八。

限于编者经历和水平,教材内容难以覆盖全国各地交通技工院校的实际情况,希望各学校在选用和推广本系列教材的同时,注重总结教学经验,及时提出修改意见和建议,以便再版修订时改正。

编 者

2022 年 9 月

目　　录

绪论 ··· 1

单元一　汽车电路原理图常用符号 ·· 4

　课题一　图形符号和文字符号 ··· 4
　课题二　项目代号 ·· 22

单元二　汽车电路图的类型与功能 ·· 28

　课题一　系统电路图 ·· 28
　课题二　电源与搭铁分布图 ··· 40
　课题三　部件定位图 ·· 46

单元三　典型车系电路图识读方法 ·· 54

　课题一　丰田汽车电路图识读方法 ·· 54
　课题二　北京现代汽车电路图识读方法 ·· 63
　课题三　大众汽车电路图识读方法 ·· 69
　课题四　雪佛兰汽车电路图识读方法 ··· 75
　课题五　吉利汽车电路图识读方法 ·· 84

单元四　车辆典型系统电路图识读 ·· 90

　课题一　发动机起动系统电路图识读 ··· 90
　课题二　发动机控制系统电路图识读 ··· 107
　课题三　车窗升降系统电路图识读 ·· 117
　课题四　灯光控制系统电路图识读 ·· 125
　课题五　门锁控制系统电路图识读 ·· 146
　课题六　电动刮水器电路图识读 ··· 156

课题七　汽车空调系统控制电路图识读 ·· 165

　　课题八　新能源汽车电力控制系统电路图识读 ·· 177

附表　常用汽车电气缩略词语 ··· 192

参考文献 ·· 199

绪 论

随着汽车工业电动化和智能化的不断发展,人们对汽车各项性能的要求越来越高,因此,电子技术特别是微电脑控制技术已广泛应用于现代汽车,汽车的电子化程度越来越高,发动机控制系统、底盘控制系统、车身控制系统、通信系统等已经成为汽车的"神经网络",让汽车变的更加安全、智能、舒适。

汽车电路图是检修汽车电气系统时必须参考的基本资料,能否正确识读汽车电路图,正确分析并找出其特点和规律,使其成为汽车电路故障诊断与排除的依据,已成为从事汽车维修人员迫切需要解决的问题,识读和分析汽车电路图的快慢能够反映出一个维修人员对汽车专业基础知识和专业知识的掌握程度,从而对汽车故障诊断与排除以及全面进行检修都具有非常重要的意义。

由于目前世界各汽车制造公司在电路图的绘制上风格各异,同时诸多电器、设备以及各种电子控制技术在现代汽车电气系统中的广泛应用,使得汽车电路日趋复杂,识读难度不断增大。因此,在识读汽车电路图之前,首先应对汽车电路的基本知识有所了解。

一、汽车电路的基本概念

用导线和车体把电源、过载保护器件、控制器件及用电设备等装置连接起来,形成能使电流流通的路径称为汽车电路。

二、汽车电路的基本组成

汽车电路主要由电源、过载保护器件、控制器件、用电器和导线组成。

1. 电源

汽车上的电源为蓄电池和发电机,混合动力或纯电动汽车还配有高压动力电源。

2. 过载保护器件

主要有熔断丝(俗称保险丝)、电路断电器及易熔线等。

3. 控制器件

(1) 传统的各种手动开关、压力开关、温控开关等。

(2) 简单的电子模块(如电子式电压调节器)。

(3) 微电脑电子控制单元(如点火模块、发动机电控单元、自动变速器电控单元等)。

4. 用电器

电动机、电磁阀、灯泡、仪表、各种电子器件、传感器等。

5. 导线

除各种不同线径的导线外,车体也起到导线的作用。

三、汽车电路的基本特点

1. 与一般电路之共性

汽车电路具有与其他电路相同的一些特性。如电器之间的基本连接方式为串联和并联;电路的基本工作状态有通路、断路和短路;电路中的元器件在图中用专门的符号加文字标注。

2. 不同于一般电路之处

汽车电路又有不同于一般电路的一些特点。

(1) 高低压直流供电。

低压电源为蓄电池和发电机,一般为12V或24V,但随着混合动力和纯电动汽车的发展普及,48V电池或几百伏高压动力电池已得到广泛应用。

(2) 低压电源单线并联,负极搭铁。

汽车上的主要用电设备均采用并联连接,由此保证各条支路上的用电设备能够彼此独立,互不影响。而每条支路均有自己的控制器件和过载保护器件,它们与该电路中的用电设备必须采用串联连接。

所谓单线制接线方式是指所有用电设备均用一根导线相互连接,而用车架、发动机体等金属机体来代替另一根导线。目前规定所有用电设备的负极与金属机体相连(俗称搭铁),即负极搭铁。当然,有一些电气设备由于一些特殊情况仍采用双线连接。

(3) 高压动力电源独立形成回路,与车身及低压电路绝缘。

混合动力或纯电动汽车的高压回路与车辆低压电路及车身处于绝缘状态,

以保证高压用电安全,防止漏电或触电,其导线或电路图均以鲜明橙色标示。

四、本课程的主要内容及学习方法

本课程是汽车电器维修专业的一门综合性专业技能课。

1. 汽车电路原理图常用符号

熟悉和掌握汽车电路图中常用的图形符号、文字符号、项目符号的构成、含义、标注原则和使用方法,为看懂汽车电路图打好基础。

2. 汽车电路图的类型和绘制原则

熟悉不同类型的汽车电路图及其区别、特点和适用范围,掌握各种汽车电路图的绘制原则和基本的识读方法。

3. 典型汽车电路图的识读

通过国内外几种典型的车型,详细了解汽车电路图的识读步骤和方法以及各个分电路的工作原理和工作过程,举一反三,对以后识读其他各种汽车电路图将有极大的帮助。

4. 本课程的学习方法

本课程以《电工与电子技术基础》《汽车电气设备构造与维修》等教材为基础,首先应熟悉和掌握各种汽车电器的性能和作用,了解它们各自的特点和区别,这是基本要求。

汽车电路图的种类较多,而且国内外车型种类繁多,所用的表示方法也各有不同,但它们仍然具有很多共性的东西,其主要系统大同小异。因此,在学习过程中应注重对一般电路图识读方法的练习,特别是要熟悉汽车电路中的各个主要系统。

学习中应注意理论联系实际,通过实习教学过程,将电路图与电气线路实物结合、对比分析,这样可以快速提高识图技能,从而提高分析、解决实际问题的能力。

单元一　汽车电路原理图常用符号

汽车电路图是利用各种图形符号和文字符号来表示汽车电路的构成、连接关系和工作原理的一种电气简图。其构成电路图的图形符号和文字符号应具有统一的国家标准或国际标准,以使电路图具有通用性。学习汽车电路图识读,首先应熟悉汽车电路图中常用的各种图形符号、文字符号和项目代号。

课题一　图形符号和文字符号

一、图形符号

图形符号是指用于图样或其他文件中表示一个设备(项目)或概念的一种图形、标记或字符。它是绘制电气图样的工程语言,是识读电气图样的基础。图形符号包括:限定符号、一般符号、方框符号和组合符号。

1. 限定符号

限定符号是一种用来提供附加信息而加在其他符号上的符号,如图 1-1 所示。限定符号不能单独使用,不能表示独立的电气元件,只表明某些特征。

图 1-1　限定符号示例

2. 一般符号

一般符号用来表示一类产品和此类产品特征的一种常用的简单符号,如图 1-2 所示。它不但能从广义上代表各类元器件,而且还可用来表示一般的、没有其他附加信息或功能的各类具体元器件,如一般的电阻器、电容器、开关等。有一些一般符号也可作限定符号。

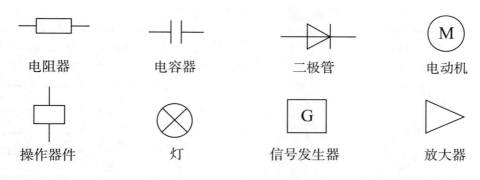

图 1-2 一般符号示例

3. 方框符号

方框符号用来表示元件、设备等的组合及其功能,既不给出元件、设备的细节,也不考虑其所有连接的一种简单的图形符号,如图 1-3 所示。

图 1-3 方框符号示例

4. 组合符号

组合符号又称示例符号、明细符号。由一般符号、限定符号、方框符号、物理量符号和文字符号组合表示某种项目具体典型产品的图形符号。在国家标准 GB/T 4728—2008《电气简图用图形符号》中所列的大部分图形符号都属这一类符号。

常用图形符号见表 1-1 ~ 表 1-7。

限定符号　　　　　　　　　　　　　　　　表 1-1

序号	名称	图形符号	序号	名称	图形符号
1	直流	——	6	中性点	N
2	交流	∼	7	磁场	F
3	交直流	≂	8	搭铁	⏊
4	正极	+	9	交流发电机输出接线柱	B
5	负极	–	10	磁场二极管输出端	D+

导线、端子和导线的连接符号 表1-2

序号	名 称	图形符号	序号	名 称	图形符号
11	接点	●	20	插头和插座	
12	端子	○	21	多极插头和插座（示出的为三极）	
13	可拆卸的端子	⌀			
14	导线的连接	—○—○—	22	接通的连接片	
15	导线的分支连接		23	断开的连接片	
16	导线的交叉连接		24	边界线	– – – –
17	导线的跨越		25	屏蔽（护罩）	
18	插座的一个极		26	屏蔽导线	
19	插头的一个极				

触点与开关符号 表1-3

序号	名 称	图形符号	序号	名 称	图形符号
27	动合(常开)触点		31	双动合触点	
28	动断(常闭)触点		32	双动断触点	
29	先断后合的触点		33	单动断双动合触点	
30	中间断开的双向触点		34	双动断单动合触点	

续上表

序号	名称	图形符号	序号	名称	图形符号
35	一般情况下手动控制		47	联动开关	
36	拉拔操作		48	手动开关的一般符号	
37	旋转操作		49	定位(非自动复位)开关	
38	推动操作		50	按钮开关	
39	一般机械操作		51	能定位的按钮开关	
40	钥匙操作		52	拉拔开关	
41	热执行器操作		53	旋转、旋钮开关	
42	温度控制	t	54	液位控制开关	
43	压力控制	P	55	机油滤清器报警开关	OP
44	制动压力控制	BP	56	热敏开关动合触点	$t°$
45	液位控制		57	热敏开关动断触点	$t°$
46	凸轮控制		58	热敏自动开关动断触点	

续上表

序号	名称	图形符号	序号	名称	图形符号
59	热继电器触点	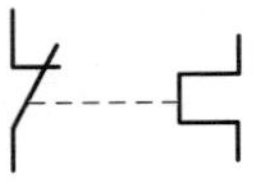	62	钥匙开关（全部定位）	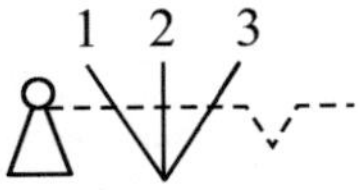
60	旋转多挡开关位置	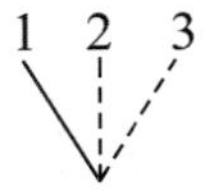	63	多挡开关、点火、启动开关，瞬时位置为2能自动返回到1（即2挡不能定位）	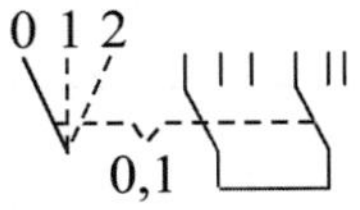
61	推拉多挡开关位置		64	节流阀开关	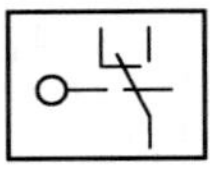

电器元件符号　　　　　　　　　　　　　　　表1-4

序号	名称	图形符号	序号	名称	图形符号
65	电阻器	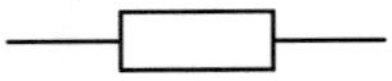	72	仪表照明调光电阻	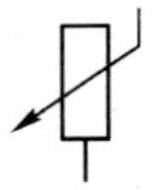
66	可变电阻器	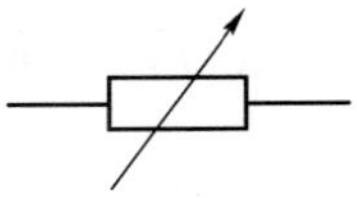	73	光敏电阻	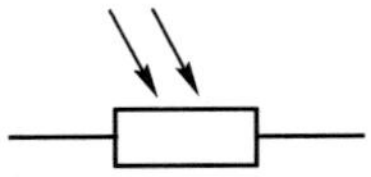
67	压敏电阻器	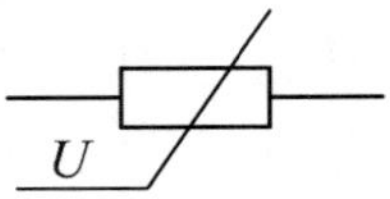	74	加热元件、电热塞	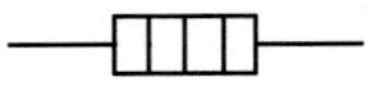
68	热敏电阻器	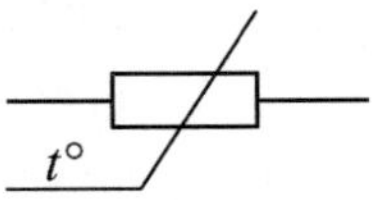	75	电容器	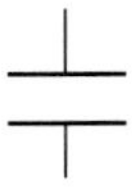
69	滑线式变阻器	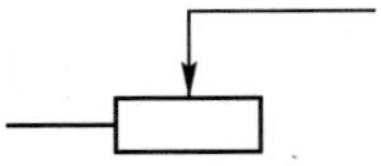	76	可变电容器	
70	分路器	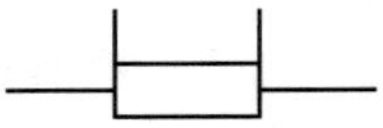	77	极性电容器	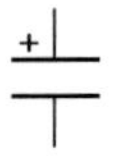
71	滑动触点电位器	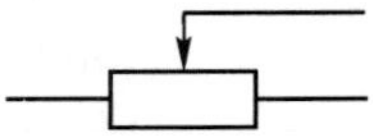	78	穿心电容器	

续上表

序号	名称	图形符号	序号	名称	图形符号
79	半导体二极管一般符号	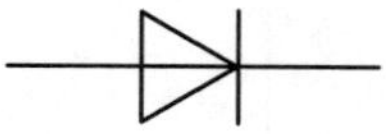	88	电感器、线圈、绕组、扼流圈	
80	单向击穿二极管，电压调整二极管（稳压管）	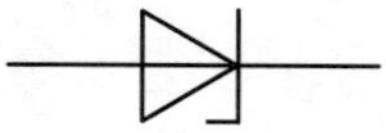	89	带磁芯的电感器	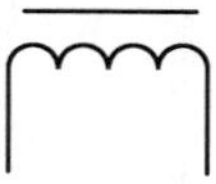
81	发光二极管	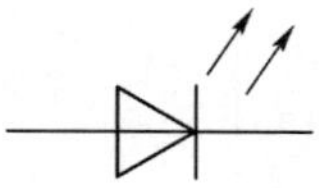	90	熔断器	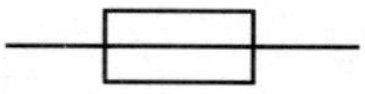
82	双向二极管（变阻二极管）	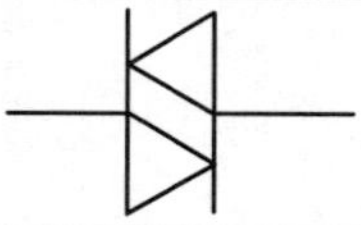	91	易熔线	
83	三极晶体闸流管	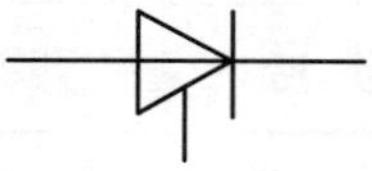	92	电路断电器	
84	光电二极管	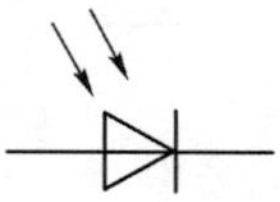	93	永久磁铁	
85	PNP 型三极管		94	操作器件一般符号	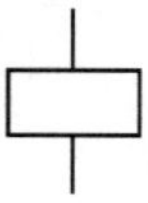
86	集电极接管壳三极管（NPN 型）		95	一个绕组电磁铁	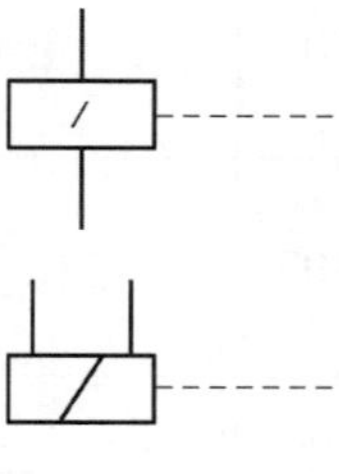
87	具有两个电极的压电晶体	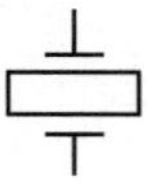	96	两个绕组电磁铁	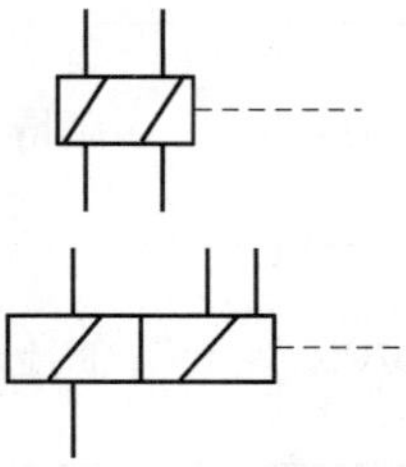

续上表

序号	名称	图形符号	序号	名称	图形符号
97	不同方向绕组电磁铁	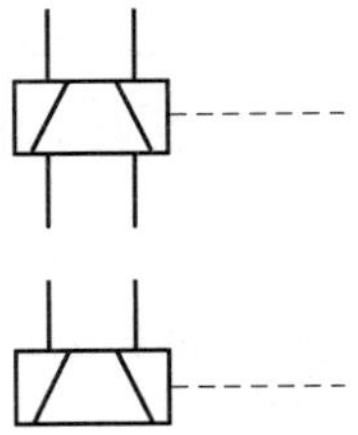	99	触点常闭的继电器	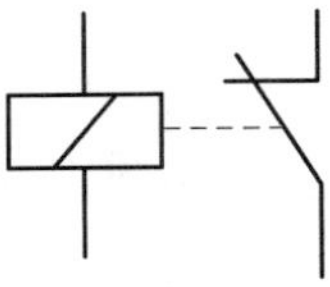
98	触点常开的继电器	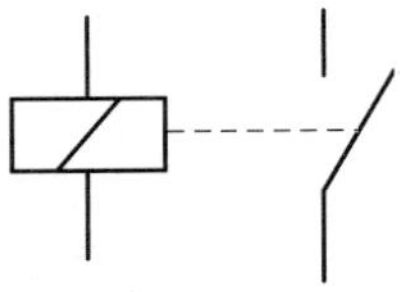			

仪表符号 表1-5

序号	名称	图形符号	序号	名称	图形符号
100	指示仪表	 ∗	107	转速表	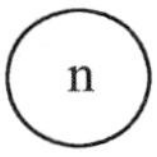 n
101	电压表	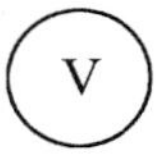 V	108	温度表	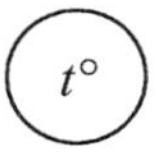 $t°$
102	电流表	 A	109	燃油表	 Q
103	电压电流表	 A/V	110	车速里程表	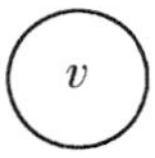 v
104	欧姆表	 Ω	111	电钟	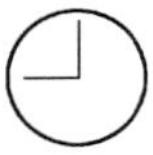
105	瓦特表	 W	112	数字式电钟	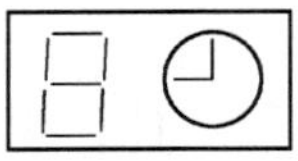
106	油压表	 OP			

单元一　汽车电路原理图常用符号

传感器符号　　　　　　　　　　　　　　　　　　　　　　　表1-6

序号	名称	图形符号	序号	名称	图形符号
113	传感器的一般符号	*	120	空气流量传感器	AF
114	温度表传感器	$t°$	121	氧传感器	λ
115	空气温度传感器	$t°_a$	122	爆震传感器	K
116	冷却液温度传感器	$t°_w$	123	转速传感器	n
117	燃油表传感器	Q	124	速度传感器	v
118	油压表传感器	Op	125	空气压力传感器	Ap
119	空气质量传感器	m	126	制动压力传感器	BP

电器设备符号　　　　　　　　　　　　　　　　　　　　　　表1-7

序号	名称	图形符号	序号	名称	图形符号
127	照明灯、信号灯、仪表灯、指示灯	⊗	128	双丝灯	⊗⊗

续上表

序号	名称	图形符号	序号	名称	图形符号
129	荧光灯	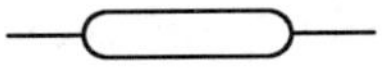	137	信号发生器	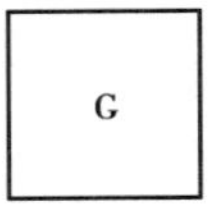
130	组合灯	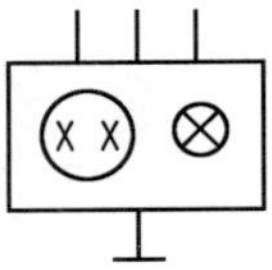	138	脉冲发生器	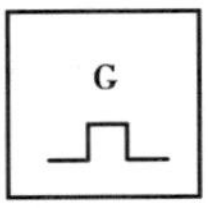
131	预热指示器	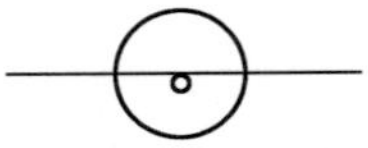	139	闪光器	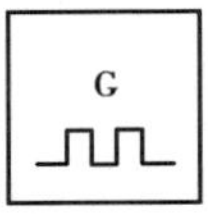
132	电喇叭	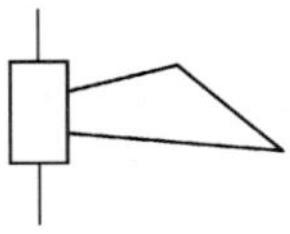	140	霍尔信号发生器	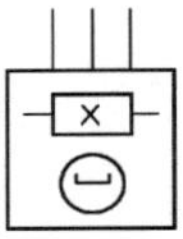
133	扬声器	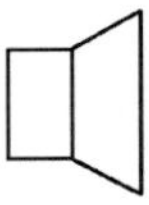	141	磁感应信号发生器	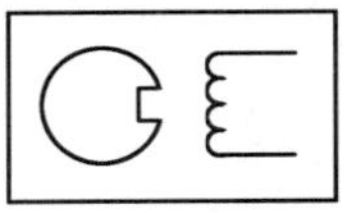
134	蜂鸣器		142	温度补偿器	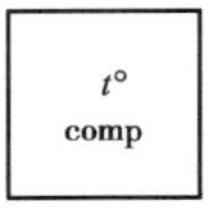
135	报警器、电警笛		143	电磁阀一般符号	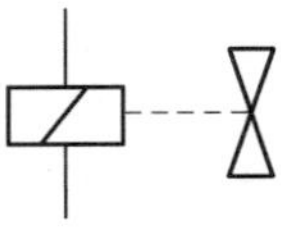
136	元件、装置、功能元件	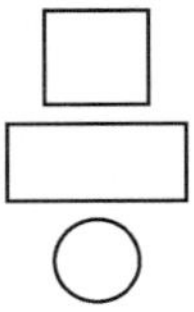	144	常开电磁阀	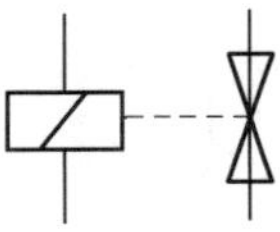

单元一　汽车电路原理图常用符号

续上表

序号	名　　称	图形符号	序号	名　　称	图形符号
145	常闭电磁阀	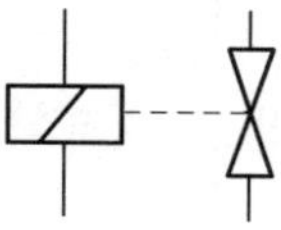	153	光电发生器	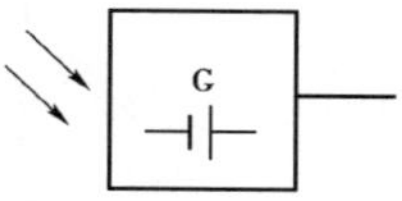
146	电磁离合器	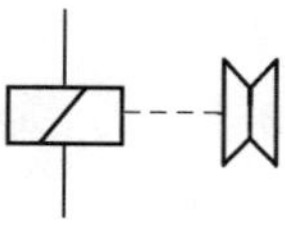	154	空气调节器	
147	用电动机操纵的怠速调整装置		155	滤波器	
148	过电压保护装置		156	稳压器	
149	过电流保护装置	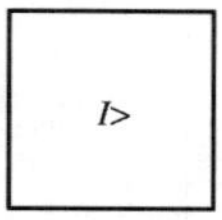	157	点烟器	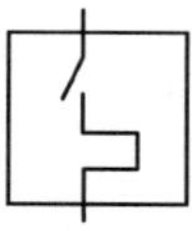
150	加热器(除霜器)	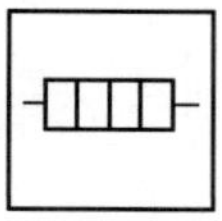	158	热继电器	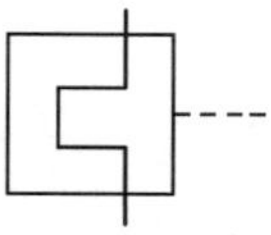
151	振荡器	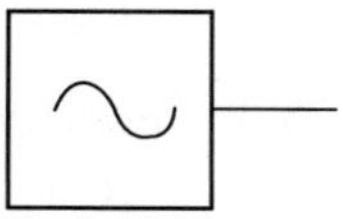	159	间歇刮水继电器	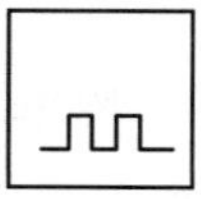
152	变换器、转换器	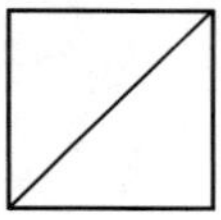	160	防盗报警系统	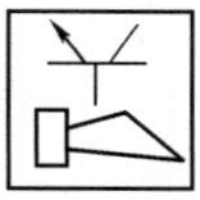

续上表

序号	名称	图形符号	序号	名称	图形符号
161	天线一般符号	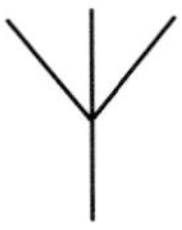	169	分电器	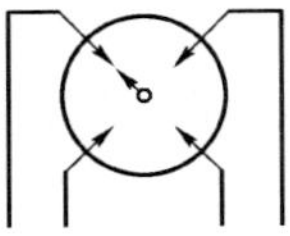
162	发射机		170	火花塞	
163	收音机		171	电压调节器	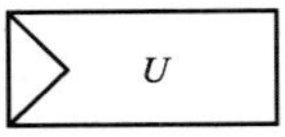 U
164	内部通信联络及音乐系统	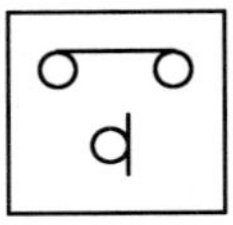	172	转速调节器	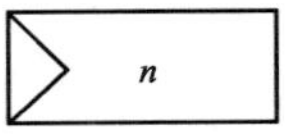 n
165	收放机		173	温度调节器	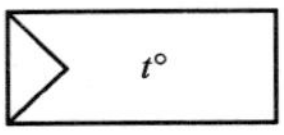 $t°$
166	天线电话	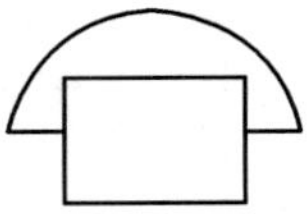	174	串激绕组	
167	传声器一般符号	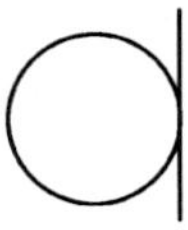	175	并激或他激绕组	
168	点火线圈		176	集电环或换向器上的电刷	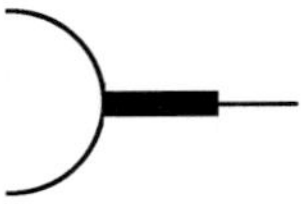

单元一　汽车电路原理图常用符号

续上表

序号	名　　称	图形符号	序号	名　　称	图形符号
177	直流电动机	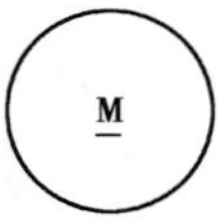	185	点火电子组件	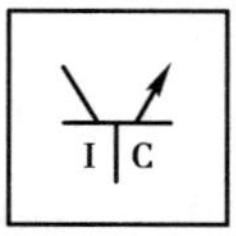
178	串激直流电动机	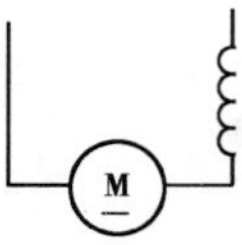	186	风扇电动机	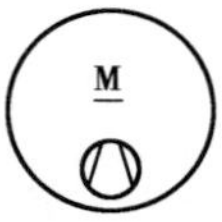
179	并激直流电动机	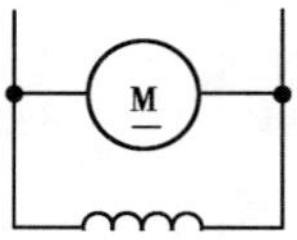	187	刮水电动机	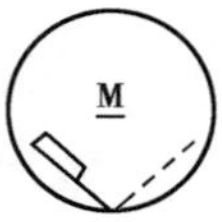
180	永磁直流电动机	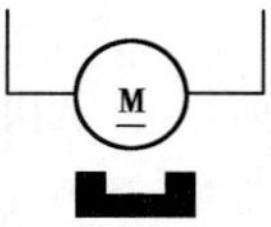	188	天线电动机	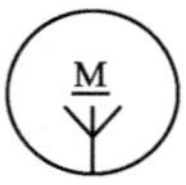
181	起动机 （带电磁开关）	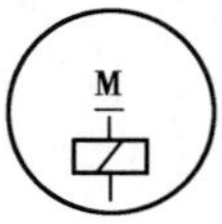	189	直流伺服电动机	
182	燃油泵电动机、 洗涤电动机	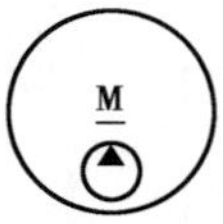	190	直流发电机	
183	晶体管电动 燃油泵		191	星形连接的 三相绕组	
184	加热定时器		192	三角形连接的 三相绕组	

续上表

序号	名称	图形符号	序号	名称	图形符号
193	定子绕组为星形连接的交流发电机		202	制动器摩擦片传感器	 F
194	定子绕组为三角形连接的交流发电机		203	燃油滤清器积水传感器	 W
195	外接电压调节器与交流发电机	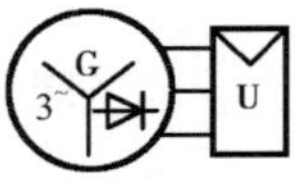	204	三丝灯泡	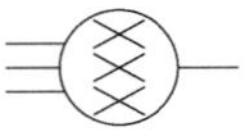
196	整体式交流发电机		205	汽车底盘与吊机间电路滑环与电刷	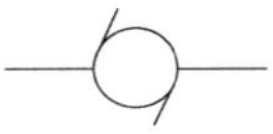
197	蓄电池	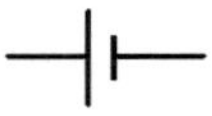	206	自记车速里程表	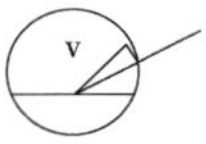 V
198	蓄电池组	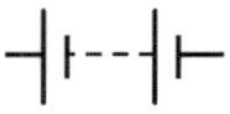	207	带电钟自记车速里程表	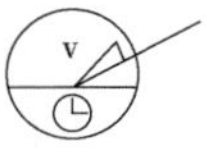 V
199	蓄电池传感器	 B	208	带电钟的车速里程表	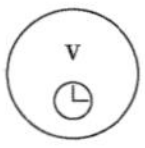 V
200	制动灯传感器	 BR	209	门窗电动机	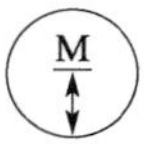 M
201	尾灯传感器	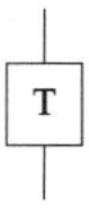 T	210	座椅安全带装置	

5. 图形符号的使用原则

(1) 组合、派生原则。在 GB/T 4728—2008 标准中比较完整地列出了限定符号和一般符号，但其列出的组合符号却是有限的。当某些特定装置或概念的图形符号在标准中未被列出时，可按规定通过一般符号、限定符号和组合符号进行组合或派生构成新的图形符号。

(2) 确定布置位置。图形符号一般为水平或垂直布置，但在不改变符号意义或不引起混淆的前提下，可根据图样布置的需要进行旋转（90°、180°或270°）或镜像放置，但文字和指示方向不能随之旋转。

(3) 优选、简单、同一性原则。当某些设备元件有多个图形符号时，可根据图样的详细程度选取相应的符号。一般的选择原则是：

①首先选用优选形。

②在满足需要的前提下，尽量选用最简单的形式。

③在同一份电路图中，应采用同一形式的图形符号。

(4) 引出线的位置和画法。引出线一般不作为图形符号的组成部分。在不改变符号含义的前提下，引出线的位置和画法允许变动。

(5) 常态原则。所有图形符号表示的是在无电压、无外力作用的正常状态。

(6) 大小随意原则。图形符号的大小和图线的宽度一般不影响符号的含义，可根据需要进行放大或缩小。

(7) 整体合一原则。图形符号中的文字、物理量符号等均应视为图形符号的组成部分。

二、文字符号

文字符号是一种用文字的形式来表示电气设备、装置和元器件（即项目）的种类和功能、特征、状态的字母代号或代码。通常标注在图形符号上或其近旁。文字符号包括基本文字符号和辅助文字符号。

1. 基本文字符号

基本文字符号是用来表示电气设备、装置、元器件的基本名称和特性的一种文字符号。它又分为单字母符号和双字母符号。

(1) 单字母文字符号。单字母符号是按拉丁字母将各种电气设备、装置和元器件划分为二十三大类。每一大类用一个专用字母符号表示。单字母文字符号见表 1-8。

单字母文字符号　　　　　　　　表1-8

项目种类	字母代码	举例
组件、部件	A	分立元件放大器、磁放大器、激光器、微波激发器、印制电路板等
变换器	B	热电传感器、热电池、光电池、测功计、晶体换能器、传声器、扬声器、耳机等
电容器	C	—
二进制单元、延迟器件、存储器件	D	数字集成电路和器件、延迟线、双稳态元件、单稳态元件、磁芯存储器、寄存器、磁带记录机等
杂项	E	光器件、热器件等
保护器件	F	熔断器、过电压放电器件、避雷器
发电机、电源	G	旋转发电机、旋转变频机、电池、振荡器
信号器件	H	光指示器、声指示器
继电器、接触器	K	—
电感器、电抗器	L	感应线圈、线路陷波器、电抗器(并联和串联)
电动机	M	—
模拟集成电路	N	运算放大器、模拟/数字混合器件
测量设备、试验设备	P	指示、记录、积算、测量设备、信号发生器、时钟
电力电路的开关	Q	断路器、隔离开关
电阻器	R	可变电阻器、电位器、变阻器、分流器、热敏电阻
控制电路的开关、选择器	S	控制开关、按钮、限制开关、选择开关、选择器
变压器	T	电压互感器、电流互感器
调制器、变换器	U	鉴频器、解调器、变频器、编码器、逆变器、变流器、电报译码器

续上表

项目种类	字母代码	举例
电真空器件、半导体器件	V	电子管、气体放电管、晶体管、晶闸管、二极管
传输通道、波导、天线	W	导线、电缆、母线、波导、波导定向耦合器、偶极天线、抛物面天线
端子、插头、插座	X	插头和插座、测试塞孔、端子板、焊接端子、连接片、电缆封端和接头
电气操作的机械装置	Y	制动器、离合器、气阀
终端设备、混合变压器、滤波器、均衡器、限幅器	Z	电缆平衡网络、压缩扩展器、晶体滤波器、网络

注：①表中B(变换器)是指从非电量到电量或相反。

②字母"I"和"O"易同阿拉伯数字"1"和"0"混淆，故未被采用；另外字母"J"也未被采用。

（2）双字母文字符号。双字母文字符号是由一个表示种类的单字母符号与另一个字母组合而成。其组合方式是以单字母符号在前面而另一字母在后的形式列出。双字母文字符号常用于表述比较详细、具体的电气设备、装置和元器件的名称。常用双字母文字符号见表1-9。

常用双字母文字符号　　　　　　　　表1-9

名称	字母代码	名称	字母代码
晶体管放大器	AD	压力变换器	BP
发热器件	EH	照明灯	EV
具有瞬时动作的限流保护器件	FA	具有延时动作的限流保护器	FR
熔断器	FU	限压保护器件	FV
同步发电机	GS	异步发电机	GA

续上表

名　　称	字母代码	名　　称	字母代码
蓄电池	GB	指示灯	HL
瞬时接触继电器	KA	电压继电器	KV
接触器	KM	同步电动机	MS
电流表	PA	时钟	PT
电压表	PV	断路器	QF
隔离开关	QS	电动机保护开关	QM
电位器	RP	热敏电阻器	RT
压敏电阻器	RV	控制开关、选择开关	SA
按钮开关	SB	液体标高传感器	SL
压力传感器	SP	位置传感器	SQ
转数传感器	SR	温度传感器	ST
电力电压器	TM	电流互感器	TA
电压互感器	TV	控制电路电源用变压器	TC
控制电路电源用整流器	VC	端子板	XT
连接片	XB	插头	XP
插座	XS	测试插孔	XJ
电磁铁	YA	电磁制动器	YB
电磁离合器	YC	电动阀	YM
电磁阀	YV	空气调节器	EV

2．辅助文字符号

辅助文字符号用来表示电气设备、装置、元器件以及线路的功能、状态和特征。常用辅助文字符号见表1-10。

单元一　汽车电路原理图常用符号

常用辅助文字符号　　　　　　表 1-10

名　　称	符号	名　　称	符号	名　　称	符号
电流	A	辅助	AUX	中性线	N
模拟	A	异步	ASY	断开	OFF
交流	AC	制动	B,BRK	闭合	ON
自动	A,AUT	黑色	BK	输出	OUT
加速	ACC	蓝色	BL	压力、保护	P
附加	ADD	向后	BW	保护搭铁	PE
接地	E	控制	C	运转	RUN
紧急	EM	顺时针	CW	信号	S
快速	F	逆时针	CCW	起动	ST
反馈	FB	数字、降序	D	置位、定位	S,SET
正向、向前	FW	直流	DC	饱和	SAT
绿色	GN	减少	DEC	步进	STE
保护搭铁与中性线共用	PEN	高	H	停止	STP
不搭铁保护	PU	输入	IN	同步	SYN
右、反、记录	R	增加	INC	温度、时间	T
红色	RD	感应	IND	无噪声(防干扰)搭铁	TE
复位	R,RST	左、限制、低	L	真空、速度、电压	V
备用	RES	主、中、中间线	M	白色	WH
可调	ADJ	手动	M,MAN	黄色	YE

3.文字符号的作用与使用规则

(1)文字符号的作用。

作为图形符号的一部分,常为限定符号,如图1-4所示。

图1-4　文字符号作为图形符号的部分示例

作为项目种类的字母代码,如图1-5所示。图中"C"表示电容器、"R"表示电阻器、"V"表示半导体器件、"T"表示变压器、"SA"表示控制开关。

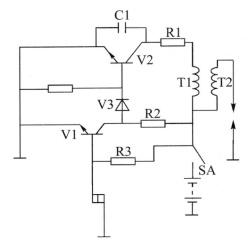

作为电气技术文件和设备线路的特征、功能和状态等的代号。如"ON"表示接通,"OFF"表示断开,"RUN"表示运转等。

(2) 文字符号的使用规则。

①单字母优先。优先选用单字母文字符号。只有当单字母符号不能满足要求,需要将大类进一步划分时,才采用双字母符号。

②字母数。文字符号一般不超过三个字母。

③字体格式。文字符号采用拉丁字母的正体、大写。用于编号的阿拉伯数字与拉丁字母并列,而不能作为下标。

图1-5　文字符号作为项目种类的字母代码示例

(3) 常见汽车用文字符号。

目前在汽车电路图中,除了根据相应的标准规定使用的文字符号外,还经常使用许多按照汽车特点及器件功能制定的特定文字符号。这种特定文字符号通常采用缩略语的形式表示,且不同厂家或公司采用的缩略语并不完全相同,在读图实践中应学会区别应用。常见的汽车电气缩略语见附表。

 项目代号

一、项目的概念

1. 基本件

基本件是指在正常情况下不能再分解(分解后功能将受损)的一个或几个零件或元器件。它们具有最基本的功能。

2. 部件

由两个或多个基本件构成，具有可拆卸、可整个或部分替换的特点。其结构较简单且功能不完整，一般不能单独使用。

3. 组件

由若干基本件或若干部件以及若干基本件和部件组装而成。其结构比较复杂，且具有某一特定的功能，因而具有相对独立的用途。

4. 项目

在电气图中，通常把用一个图形符号表示的基本件、部件、组件、功能单元、设备、系统等统称为项目。如用一个图形符号表示的一只电阻器、一块集成电路、一台发电机一个配电系统等均可称为一个项目。项目可以泛指各类实物，即不论所指的实物大小和复杂程度如何，只要在图上用一个图形符号表示，就称为项目。

二、项目代号的组成

项目代号是一种特定的代码，用来标识图样、图表、表格及其他技术文件中的项目，它可表达项目的种类、层次关系和实际位置等信息。通常被标注在图形符号的旁边。

一个完整的项目代号由四个代号段组成，每个代号段的名称和前缀符号见表1-11。

代号段名称及前缀符号　　表1-11

分　段	名　称	前缀符号	举　例
第一段	高层代号	=	=S6
第二段	位置代号	+	+D12
第三段	种类代号	—	—C8
第四段	端子代号	:	:15

注：在实际应用中，为使图面简洁，图形符号附近的项目代号可适当简化，即简化到只要能够识别这些项目即可，且在不致引起混淆的前提下，前缀符号通常可以省略。

1. 高层代号

在电气系统或设备中，对给予代号的项目而言，任何较高层次的项目代号均称为高层代号。

2. 位置代号

用来表示项目在组件、设备、系统中实际位置的代号称为位置代号。位置代号通常由自行选定的字母、数字或字母数字的组合构成。

图 1-6 所示为桑塔纳轿车继电器和熔断器在中央线路板上的位置布置图。图中位置代号由数字构成且省略了前缀。

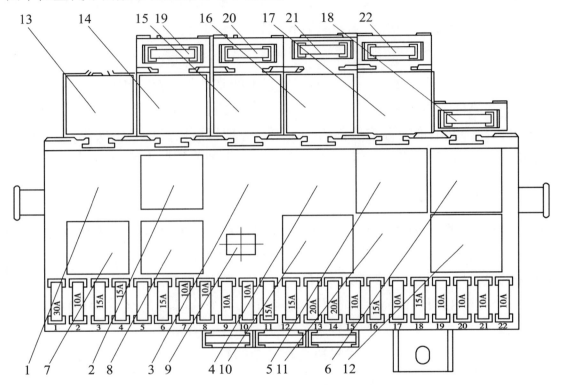

图 1-6 桑塔纳轿车中央线路板正面继电器和熔断器位置布置(1~22)

3. 种类代号

用来识别项目种类的代号称为种类代号。项目种类是指将各种元器件或设备按其结构和在电路中的作用进行分类,相近的项目视为同类,用一个字母代码表示。如:二极管、三极管、晶闸管等都属于半导体器件,用字母"V"表示。

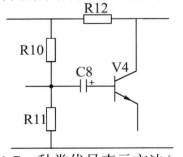

图 1-7 种类代号表示方法(一)

注:种类代号是项目代号的核心部分,常用以下方法表示。

(1)用字母代码和数字(序号)来表示,如图 1-7 所示。

(2)用顺序数字表示。应将顺序数字和它所表示的项目以列表的形式标记于图中或附于图后,如图1-8所示。

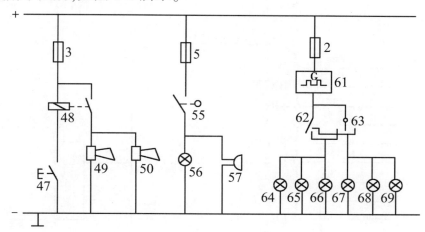

图1-8 种类代号表示方法(二)

4. 端子代号

用来同外电路进行连接的导电体的代号称为端子代号,通常用来表示接线端子、插头、插座、连接片等元件上的端子。

现代汽车上由于插接器的大量使用,因此,在汽车电路图中端子代号的应用非常多。

注意:

(1)如果项目自身无端子而又需要表示该项目的端子时,可自行设定,形式上多采用数字,也可采用大写字母表示。如图1-9、图1-10所示。

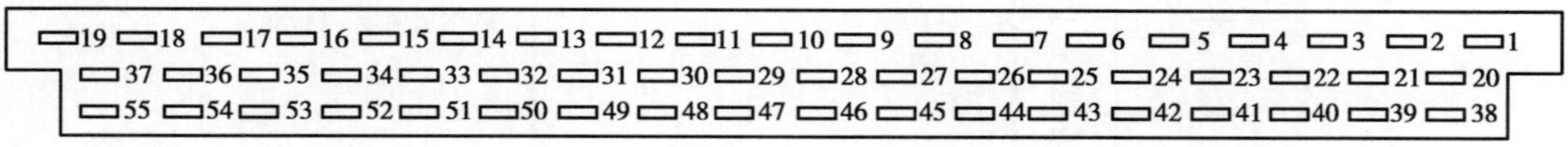

图1-9 发动机ECU端子代号(数字表示)

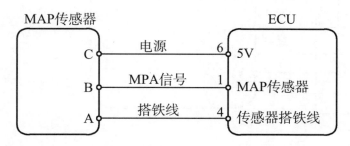

图1-10 传感器端子代号(大写字母表示)

（2）如果项目自身已有端子标记，端子代号必须采用项目自身的端子标记。如图 1-11 所示。

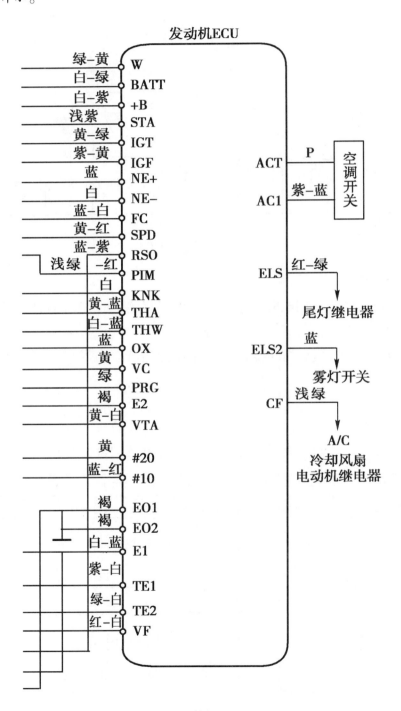

图 1-11　发动机 ECU 端子代号

三、项目代号的应用

在实际应用中,每个项目并不一定都要编制出完整的四个代号段。一个项目可以由一个代号段组成,也可以由几个代号段组成。种类代号通常可以单独表示一个项目。其他项目代号段必须与种类代号组合才能较完整的表示于项目。

（1）高层代号段与种类代号段组合。
（2）位置代号段与种类代号段组合。
（3）高层代号段、位置代号段与种类代号段组合。
（4）端子代号段与种类代号段组合。

单元二　汽车电路图的类型与功能

汽车电路图主要用于表达汽车上各电气系统的器件组成、工作原理及电器间的连接关系,同时还可表示各电器、线束等在汽车上的具体安装位置。由于汽车电器元件的外形和结构比较复杂,因此,必须尽可能采用统一规定的图形符号和文字符号来表示不同种类、不同规格的电器元件及其安装方式。尽管不同车型的电路图风格各异,但根据汽车电路图的不同类型和功能,可分为系统电路图、电源与搭铁分布图和部件定位图等。

课题一　系统电路图

一、系统电路图的组成

在汽车电子控制技术发展普及之前,车辆上的电气系统非常有限,所以涉及的只有电源、起动、点火、照明、喇叭等系统,由于涉及元器件数量少且结构简单,一般通过简单的布线就能够将车辆电路信息表达清楚,如图2-1所示。

汽车发展到当今阶段,已不仅仅是人们的代步工具,它变得越来越智能、安全、舒适,这主要得益于电子控制技术在汽车上的发展应用。控制模块和元器件越来越多,线路也愈加复杂,想通过一张或几张布线图将汽车电路表达清楚已经是不可能的事情,从而需要根据不同系统绘制相应的系统电路图。

不同品牌和配置的汽车,其包含的系统电路也不尽相同,但根据常用功能划分,主要有发动机、变速器、灯光、车窗、刮水器、网络、空调、音响、制动、冷却、驻车、后视镜、巡航等系统电路。对于采用混合动力或纯电动技术驱动的汽车,还有电力控制系统电路。如图2-2所示为吉利帝豪EV450纯电动汽车的电路图目录,查询目录,可以快速了解一款汽车系统电路的组成。

单元二 汽车电路图的类型与功能

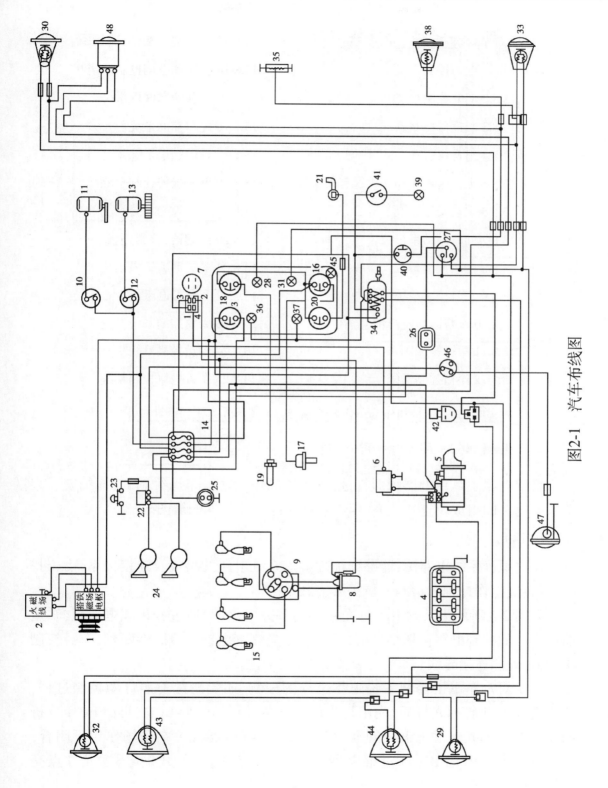

图2-1 汽车布线图

- 13.8 系统电路图
  - 13.8.1 电力控制系统
  - 13.8.2 巡航控制系统
  - 13.8.3 减速器控制系统
  - 13.8.4 组合仪表
  - 13.8.5 无钥匙进入和无钥匙起动系统
  - 13.8.6 主动安全系统
  - 13.8.7 驻车制动系统
  - 13.8.8 照明控制系统
  - 13.8.9 车身控制系统
  - 13.8.10 车身防盗及门锁系统
  - 13.8.11 后视镜控制系统
  - 13.8.12 座椅控制系统
  - 13.8.13 风窗刮水洗涤控制系统
  - 13.8.14 暖风和空调控制系统
  - 13.8.15 车载信息娱乐系统
  - 13.8.16 停车辅助系统
  - 13.8.17 辅助约束系统
  - 13.8.18 低速报警控制系统
  - 13.8.19 喇叭控制系统
  - 13.8.20 点烟器、车载电源
  - 13.8.21 电动助力转向系统
  - 13.8.22 车窗控制系统
  - 13.8.23 天窗控制系统
  - 13.8.24 营运控制系统
  - 13.8.25 车载网络控制系统

图 2-2 吉利帝豪 EV450 纯电动汽车系统电路图目录

二、系统电路图的作用与特点

系统电路图是用电器图形符号,按工作顺序或功能布局绘制的,详细表示某个系统电路的组成及连接关系,但不考虑实际安装位置的简图。

1. 作用

通过识读系统电路图,能够详细理解该系统电路的组成及连接关系,为查找部件信息、工作过程和检测分析提供信息。

如图 2-3 所示为某款汽车灯光系统的部分电路图,通过分析该电路图,知道前远光灯的控制电路包括灯光组合开关、远光灯继电器、灯珠、熔断丝、车身控制单元 BCM 和连接导线。

基于对汽车电子控制系统工作过程的理解,还能清楚前照灯的控制过程,即当驾驶人开启远光灯后,先由灯光组合开关提供信号给 BCM,再由 BCM 分析判断后控制远光灯继电器线圈通电产生磁场,继电器开关在磁场作用下闭合,最后电流由蓄电池 B + 经过继电器、熔断丝和导线,给负载供电,远光灯点亮工作。

单元二 汽车电路图的类型与功能

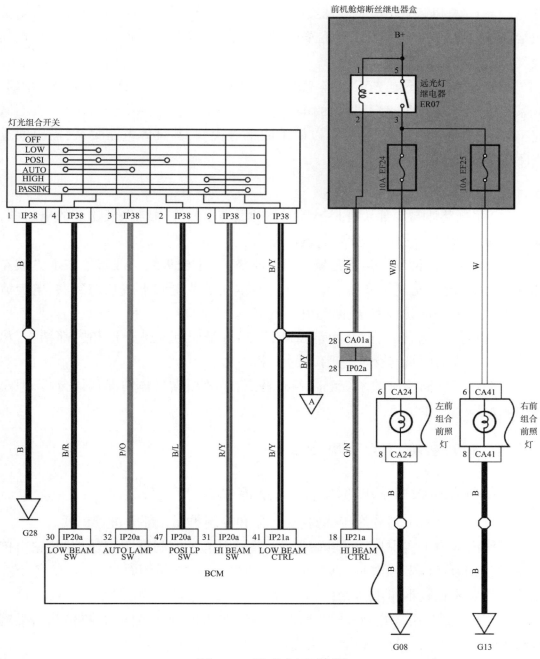

图 2-3 远光灯电路图

在理解远光灯工作过程基础上,当远光灯出现故障时,可以通过分析该电路图,确定故障范围,制订检测步骤,从而快速准确地找到故障部位。

通过识读电路图,还可以确定电路信息,例如导线颜色、连接器代号及针脚号、熔断丝编号及额定容量、灯光组合开关内部连接关系等。另外还确定远光灯继电器、EF 24 和 EF 25 熔断丝都安装在"发动机舱熔断丝电器盒"内,但"发动机舱熔断丝继电器盒"的具体安装位置没有在系统电路图中标示,需要通过查找其他类型的电路图确定。

系统电路图并不能真正完整表达电路关系,它的功能是详细完整地标示对应系统内的电路关系,对于共用的电源、搭铁和模块信息,系统电路图一般不做完整绘制,如图 2-3 中的 B +,只以简单的字母代替,其具体电路关系,需要通过查阅其他类型的电路图确定。

2. 特点

(1)兼顾整体与局部。既是一幅完整的反应某一个系统电气功能的电路图,又是一幅互相联系的局部电路图,繁简适当。

(2)电流走向清晰。负极搭铁一般位于下方,正极火线一般布置在上方或左侧,中间是控制单元或元器件。电流方向基本上是从上到下或从左到右,电流流向从电源正极经负载后搭铁,回到电源负极。

(3)线路布局合理。图片简洁清晰,图形符号照顾元件外形和内部结构,尽可能减少导线的曲折与交叉,便于识读分析。

每个汽车厂商绘制的系统电路各有特点,需要根据具体情况具体分析,但总体上满足以上三个特点。

三、系统电路图的读图方法

1. 根据电子控制系统的工作特点分析电路

可将系统电路图划分为传感器、执行器和控制单元三部分进行识读。

现代汽车为了实现自动化和智能化,都采用电子控制系统实现控制,它由传感器、控制单元(ECU)和执行器组成,所以识读系统电路图时,应先理解各个控制单元的功能和基本作用,如图 2-4 所示。

(1)传感器。用来监测车辆运转状态或驾驶人的操作意图,并将检测结果输送给 ECU,以作为运算控制某一系统功能的依据。

(2)电子控制单元(ECU)。又称控制模块,是以微处理器为核心部件的电子控制装置,其作用是接收从各传感器送来的信号,经过判断、计算等处理后,向执行器发出控制信号。

(3)执行器。是电子控制系统的输出装置,它接收 ECU 传来的控制电信号,并进行机械运动从而实现控制动作。

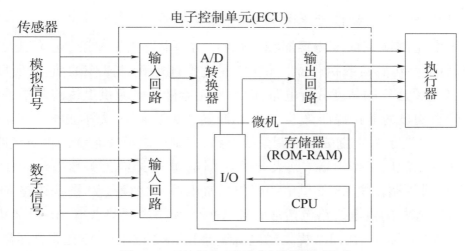

图 2-4　汽车电子控制系统的组成

控制单元作为电子控制系统的核心部件，在电路图中也是最容易识别判断的，所以在识读某系统电路图时，可以通过图形符号、代号或文字说明先确认该系统电路图的控制单元（控制模块）部分，如图 2-5 所示，通过查询，J623 代号为发动机控制单元，围绕该图形符号对发动机系统电路展开分析，这样会有利于系统电路图的识读。在确定电路图中控制模块位置基础上，可以从传感器和执行器两个角度，分别对系统电路进行识读分析，将复杂电路按功能划分，简化读图的难度。

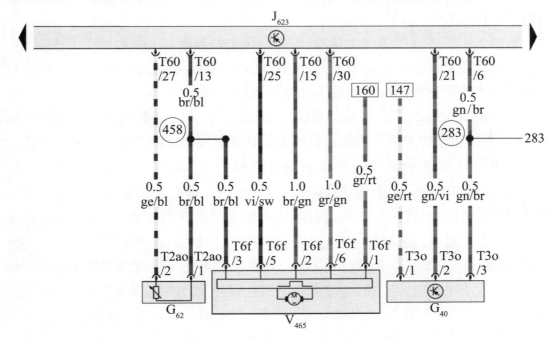

图 2-5　发动机控制单元电路（局部）

2. 从电源、搭铁和信号三方面分析电路

系统电路图涉及众多传感器和执行器，初看电路密密麻麻，无从切入，但无论是控制单元、传感器或执行器，"供电"是它们能够正常工作的前提，所以可以从"满足供电回路"的角度分析电路，即查找元器件的电源供电线路和搭铁线路，它们均带有明显的电路特征符号，比如熔断丝、5V、B+、搭铁等符号，易于识读。

如图2-6所示为别克威朗空调系统电路，空调控制模块K33的供电线路包括常电源K33/X2/1、工作电源(点火开关控制电源)K33/X2/9和搭铁线路K33/X2/8；鼓风机控制模块K8的供电线路包括常电源K8/X2/1和搭铁线路K8/X2/6；控制装置A26的供电线路包括常电源A26/1和搭铁线路A26/10；鼓风机电动机M8的供电线路包括由K8提供的电源线路和K8控制的占空比搭铁线路。

对于供电才能工作的传感器，为了保证信号的稳定性，它们的电源和搭铁一般均由控制模块控制，如图2-7所示。通过5V和搭铁符号，很容易辨别出凸轮轴位置传感器、曲轴位置传感器的5V电源线路和搭铁线路。对于无需供电就能够输出电信号的传感器，如图中所示的爆震传感器，没有真正意义上的电源和搭铁线路。

当传感器向控制单元传递信号时通过信号线路；当执行器内有逻辑电路，且控制单元向逻辑电路传递执行指令，通过信号线路或通信线路；当控制单元之间需要传递信息时，通过通信线路。信号线或通信线一般可以通过控制单元图框内的图形符号判别，如表2-1所示。

如图2-6所示，对照表2-1信息，可知鼓风机控制模块K8/X2/2为信号线路。空调控制模块K33/X2/2、K33/X2/3、K33/X2/4为串行数据通信线路。完整的数据通信线路需要查阅网络通信系统电路，如图2-8所示。

特殊情况如图2-5所示，发动机控制单元的框图内并没有线路含义符号的标示，可以查阅导线相关信息或连接器端子信息确定传感器或执行器的线路含义。

3. 围绕继电器的工作过程分析电源电路

继电器是利用电磁、温度、时间等实现控制的一种电子控制器件。汽车上大量采用的是电磁继电器，其是利用电磁铁控制电路通断的开关，实现较小电流和电压控制大电流电路的通断，在电路中起到控制、保护、转换等作用。如图2-9所示，电磁继电器主要由电磁线圈、衔铁和开关触点组成。当电磁线圈通过85/86触点通以较小电流时，产生的电磁力使衔铁克服弹簧力动作，常闭触点30/87a断开、常开触点30/87闭合，当电磁线圈断电后，继电器触点开关恢复常态。

在汽车电路图中，任何形式的开关，包括继电器触点开关，它们表示的都是常规状态，也可以说是没有投入工作的状态。

单元二 汽车电路图的类型与功能

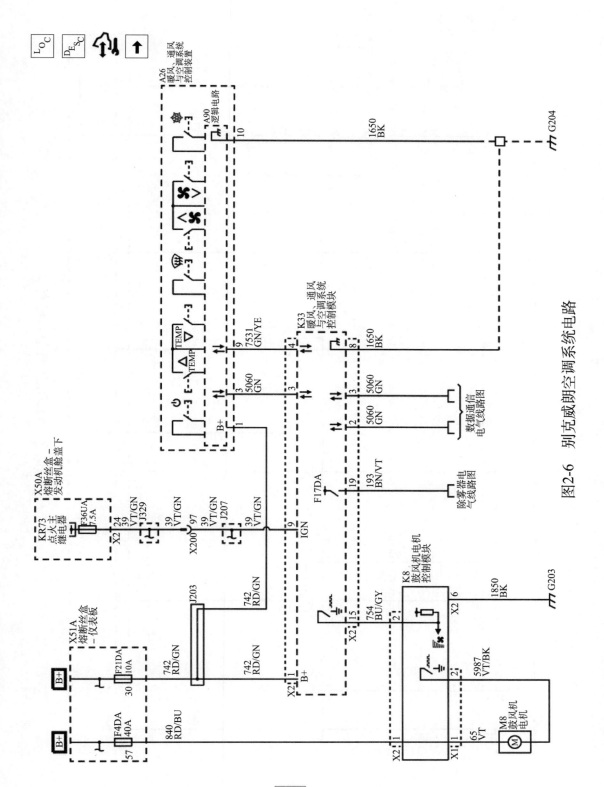

图2-6 别克威朗空调系统电路

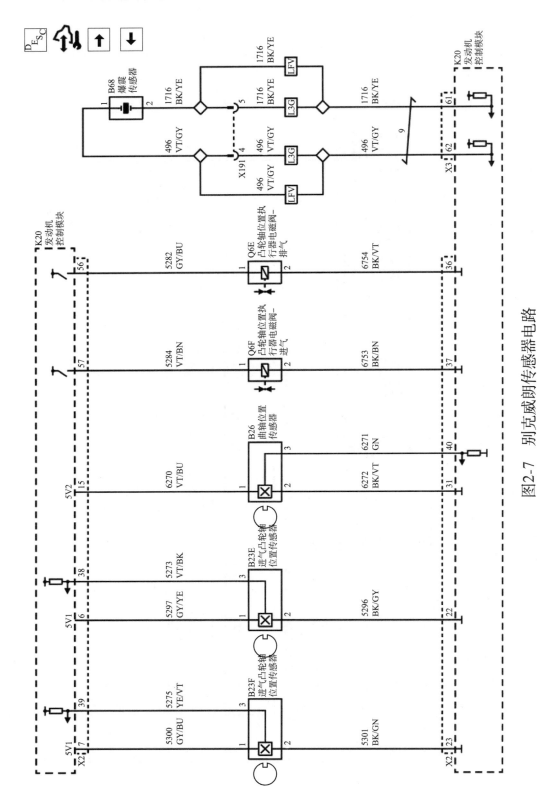

图2-7 别克威朗传感器电路

信号线/通信线图形符号　　　　　　表 2-1

符号含义	下拉电阻输入信号	上拉电阻输入信号	串行数据
图形符号			

当系统电路图中出现继电器时,结合继电器的工作过程,围绕继电器的电磁线圈(控制部分)和触点开关(负载部分)两个部分分别展开分析,能使识图思路更加清晰,化繁为简。

如图 2-10 所示为长城哈佛汽车的刮水系统电路。前刮水器由两个继电器控制高低速变化,初看比较复杂,但只要结合两个继电器的工作过程,就能分析刮水器高低速是如何实现转换的。

先识读电磁线圈电路,当 BCM 接收刮水开关低速挡信号开启时,BCM 控制前刮水继电器工作,其小电流路径为:IGN2 继电器→F 33 熔断丝→前刮水继电器线圈→BCM/J1/A20。前刮水器继电器 87/30 触点闭合,其大电流路径为:IGN2 继电器→F33 熔断丝→前刮水继电器 87/30 触点→前刮水高速继电器 30/87a 触点→前刮水电动机→GND09。此时刮水器以较低速度工作。

当 BCM 接收刮水开关高速挡信号开启时,BCM 控制前刮水继电器继续工作,同时控制前刮水高速继电器工作,高速继电器的小电流路径为:IGN2 继电器→ F33 熔断丝→前刮水高速继电器线圈→BCM/J1/A11。前刮水高速继电器 30/87 触点闭合,其大电流路径为:IGN2 继电器→F33 熔断丝→前刮水继电器 87/30 触点→前刮水高速继电器 30/87 触点→前刮水电动机→GND09。由于电流流经刮水电动机内部的路径不同,相比于低速挡时的阻值小,从而实现更高速度的刮水效果。

4. 围绕功能及符号含义分析开关电路。

系统电路图中有大量的开关信号电路,简单的如危险警告灯开关,就是单个普通的常开开关,复杂的如起动开关、刮水器开关、灯光组合开关、车窗开关等,是多个开关的组合体,电路图比较复杂,也比较难以识读,如图 2-3 所示的灯光组合开关。组合开关电路在识读过程中,需要掌握以下几个要点。

(1)确定共用线路。组合开关作为系统电路的信号传输部件,有多路的信号传输导线,但一般共用一根搭铁线或电源线,可以先确定共用线路。

(2)了解开关内部符号含义。组合开关需要表达的信息较多,为了完整、准确、简洁的表达其功能含义,一般不同厂商会有各自组合开关的表达方式,只有理解符号含义,才能读懂电路图。如图 2-3 所示的灯光组合开关,"小圆孔"之间画有横线,表示处于开关闭合状态。

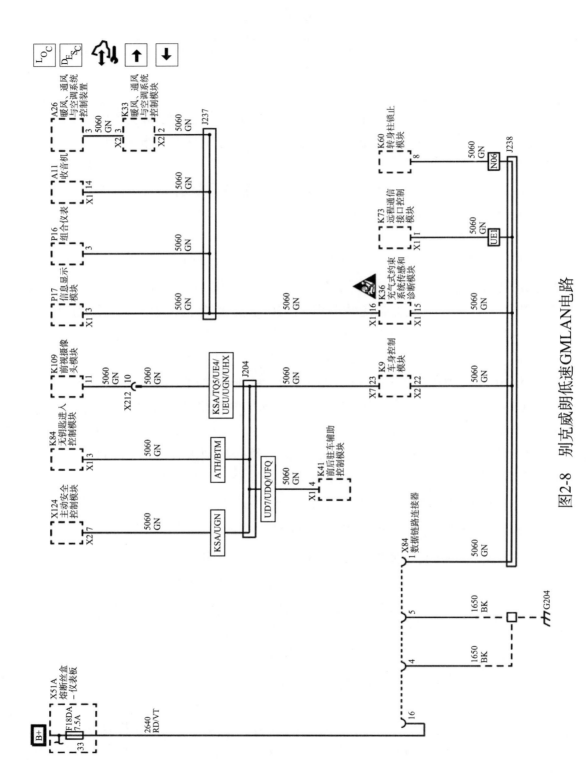

图2-8 别克威朗低速GMLAN电路

单元二 汽车电路图的类型与功能

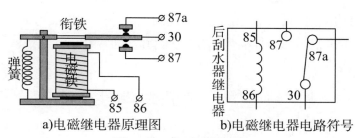

图 2-9　电磁继电器

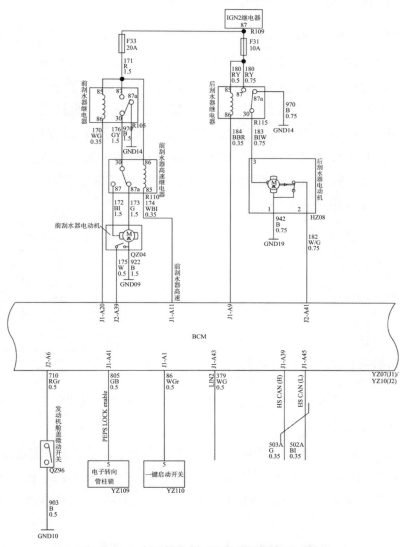

图 2-10　长城哈佛刮水器系统电路图

（3）结合开关功能及操作方法分析电路。组合开关存在不同的功能挡位，在缺乏经验情况下，单凭电路图直接分析存在一定的困难，这时通过对开关功能及具体操作步骤有所接触，反而对电路的识读会有帮助。如图 2-3 所示的灯光组合开关，当开启前照灯自动控制功能时,开关在 AUTO 位,此时"四行二列和四行四列"的两个"小圆孔"处于闭合导通状态,其信号路径为:BCM/IP20a/32→IP38/3→IP38/→G28。

课题二 电源与搭铁分布图

一、电源分布图

汽车的低压直流电由蓄电池及发电机提供,纯电动汽车无法依靠发电机为蓄电池充电,而是由 DC-DC 变换器将动力蓄电池的高压转换成约 12V 的低压,它们通过连接器、熔断丝、继电器、导线、开关等器件给车辆各个系统提供电源。

如图 2-11 所示,在各个系统电路的电源起始点位置,通常有 B+、IG 或 IGN 符号。为了使系统电路图的表达简洁清晰,重点突出各个系统内元器件的连接关系,往往会将共用的电源省略,以文字符号代替。B+ 是由蓄电池直接提供的常电源,IG 或 IGN 是由起动开关控制的电源,当需要了解它们与蓄电池具体连接关系时,则需要查阅电源分布图。

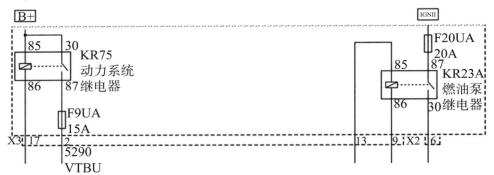

图 2-11 雪弗兰克鲁兹 B+/IGN 电源电路

1. 查阅常电源电路

如图 2-11 为雪弗兰克鲁兹发电机系统电源电路,为了了解 KR75 继电器电路中 B+ 线路的具体情况,需要查阅该车的电源分布图,如图 2-12～图 2-14 所示,其电源路径为:蓄电池 C1→X50D/X1/1→F5UD→X50D/X2/1→X50A/X4/1→KR75 的 85 和 30 端子。

通过识读雪弗兰克鲁兹汽车的电源分布图,发现常电源电路存在复杂的分支电路,不适合在每个系统电路中都详细绘制。所以大部分汽车企业都将共用的电源电路集中绘制,有需要时查阅该部分内容,并与系统电路图中对应电源符号联系起来,构成完整的电源电路。

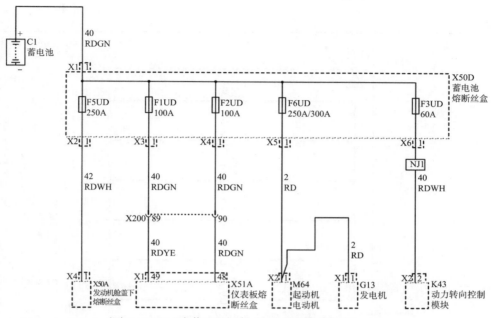

图 2-12　雪弗兰克鲁兹电源分布图(一)

2. 查阅起动开关控制的电源电路

如图 2-11 燃油泵继电器 KR23A/87 的电源由起动开关控制供电,其具体线路可查阅起动开关电路,如图 2-15 所示。起动开关又称作点火开关,当点火开关 S39 置于 RUN 位置时,车身控制模块 K9/X3/15、K9/X3/5、K9/X3/6 分别接通 5V、12V、12V 电路,车身控制模块根据三根信号线的电压变化,计算判断驾驶人开启点火开关 ON 位置的意图后,通过 K9/X4/15 线路控制点火主继电器 KR73 线圈通电,继电器触点开关 30/87 导通,结合图 2-11 和图 2-13 可知,燃油泵继电器的电源路径为:蓄电池 C1→X50D/X1/1→F5UD→X50D/X2/1→X50A/X4/1→KR73 的 30 和 87 端子→F20UA 熔断丝→燃油泵继电器 KR23A。

通过图 2-13 发现点火主继电器 KR73 并不是只给 F20UA 单个熔断丝供电,说明系统电路图的电源电路有时候只作必要的局部表达,如果需要查阅完整的电源分布关系,需要翻阅电源分布图。

二、搭铁分布图

如图 2-6 所示的别克威朗空调系统电路,空调控制模块 K33 和控制装置 A26 在车身上的搭铁点代号为 G204,如果需要了解该搭铁点完整的线路关系,即车辆上所有通过 G204 搭铁点完成接地的元器件,在单个系统电路图中并不能完整体现,需要查阅搭铁分布图,如图 2-16 所示为该搭铁点完整分布图。

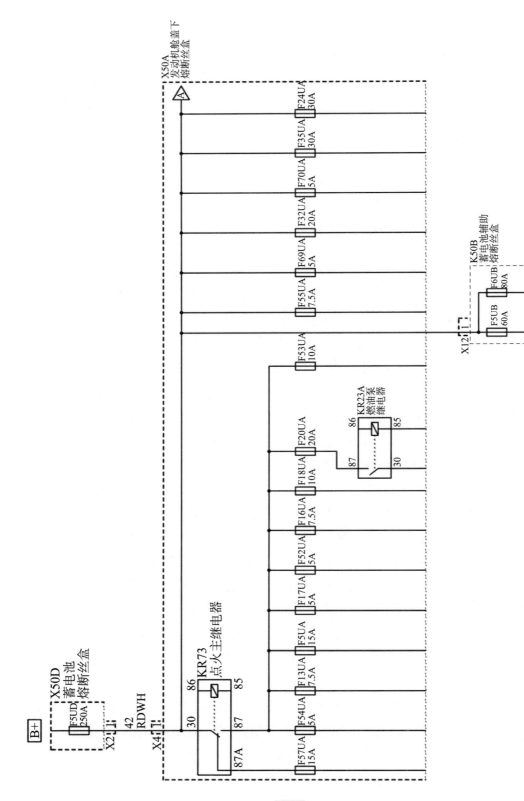

图2-13 雪弗兰克鲁兹电源分布图（二）

单元二 汽车电路图的类型与功能

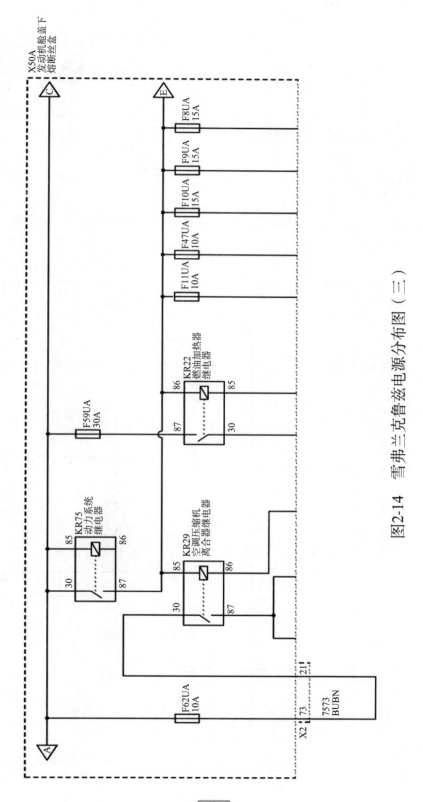

图2-14 雪佛兰克鲁兹电源分布图（三）

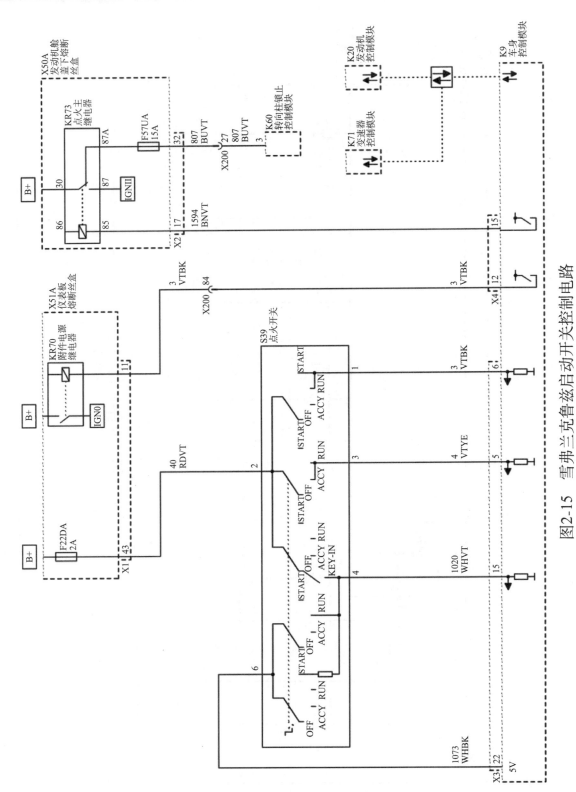

图2-15 雪弗兰克鲁兹启动开关控制电路

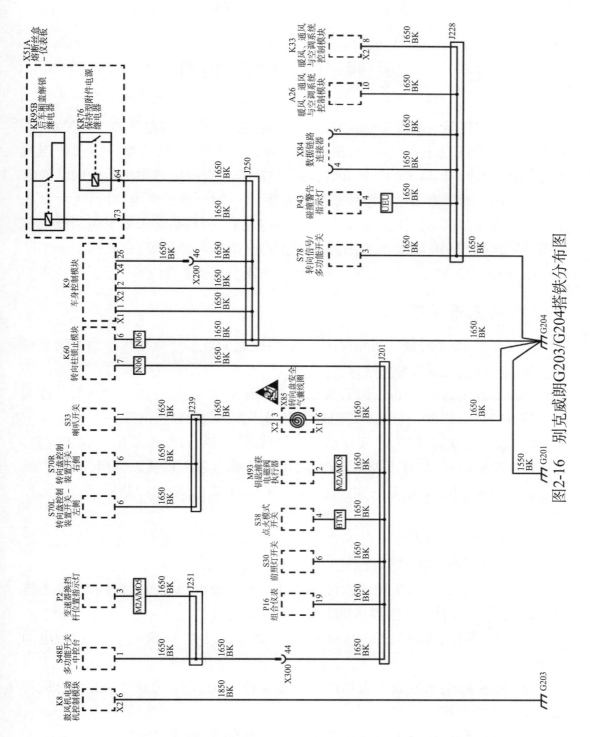

图2-16 别克威朗G203/G204搭铁分布图

课题三　部件定位图

我们查阅任何一款汽车电路图,除了了解线路与电子元器件的连接关系,还需要通过电路图确定各个导线、搭铁点、熔断丝、继电器、传感器、执行器、连接器、控制单元等在车辆上的具体安装位置,这就需要查阅电路图手册中的部件定位图。不同汽车厂商的电路图手册并非按照统一的目录要求编排设计,所以在使用手册查找车辆部件位置时,查阅路径不尽相同,但概括起来主要包括线束布置图、接线盒示意图、搭铁布置图、部件视图、连接器示意图等,它们都属于部件定位图,用来查阅确定线路及电子元器件在车辆上具体安装位置。

一、线束布置图

在汽车上,为了安装方便和保护导线,将同路的许多导线用棉纱编制物或聚氯乙烯塑料带包扎成束称为线束。

线束一般包括导线和连接器,常见的分类有发动机线束(纯电动汽车上称为动力线束)、仪表线束、车身线束、门板线束、前围线束、顶棚线束等。

(1)发动机线束:用于连接发动机上的传感器、执行器、控制模块和接线盒,围绕在发动机的周围;对于纯电动汽车,由高压动力系统取代发动机,其动力线束连接动力蓄电池、驱动电机、电机控制器、空调压缩机、充电控制器、传感器、控制器、接线盒等。

(2)仪表线束:沿着仪表台下方管梁布置,连接仪表台上各个电气设备,如组合仪表、空调开关、多媒体系统等。

(3)车身线束:是从车辆仪表台下方开始沿着地板向后布置的线束,除了连接尾灯、油箱等,门板、顶棚等其他线束也会与其连接。

(4)门板线束:连接门板内所有元器件,如车窗开关、车窗电动机、门锁电动机、扬声器等。

(5)前围线束:沿着翼子板和前保险杠布置,连接前围元器件,如前照灯、转向灯、风扇、喇叭等。

(6)顶棚线束:沿着车辆顶棚两侧布置,连接侧气囊、天窗等。

各个汽车厂商并不是按照统一标准定义线束含义的,所以在查阅线束布置图时,存在一定的差异,需要通过电路图手册具体了解。如图2-17所示为别克威朗汽车的线束布置图,通过查阅该布置图,可以了解车辆线束的布置特点,通过线束数字代号,即可确定不同线束的安装位置,数字代号含义见表2-2。

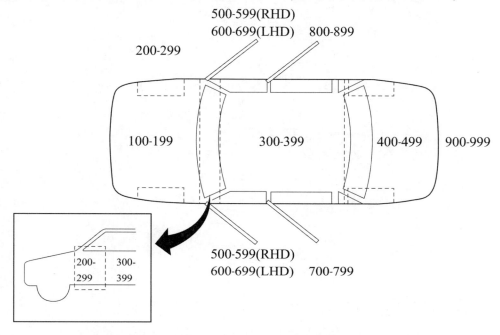

图2-17　别克威朗线束布置图

别克威朗线束代号含义　　　　　　　　表2-2

插图编号	区位说明
100-199	发动机舱(仪表板的所有前部区域)
200-299	仪表板区域内(隔板与仪表板前面板之间)
300-399	乘客舱(从仪表板到后排座椅后部)
400-499	行李舱(从后排座椅后部到车辆后部)
500-599	连至或内置于驾驶人车门的直列式线束连接器
600-699	连至或内置于前乘客车门的直列式线束连接器
700-799	连至或内置于左后车门的直列式线束连接器
800-899	连至或内置于右后门的直列式线束连接器
900-999	连至或内置于行李厢盖的直列式线束连接器

如图2-18和图2-19所示为吉利帝豪EV450纯电动汽车的动力线束布置图,它通过立体图的方式说明线束的布置位置,同时提供了线束相关的连接器信息,连接器含义见表2-3。

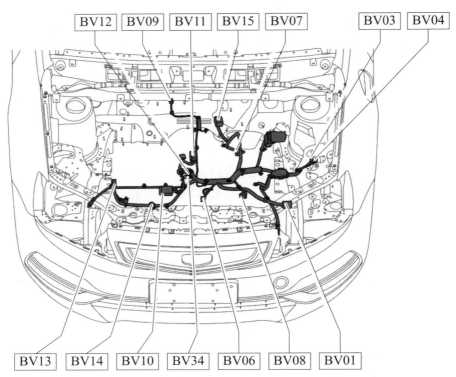

图 2-18　吉利帝豪 EV450 纯电动汽车动力线束布置图（一）

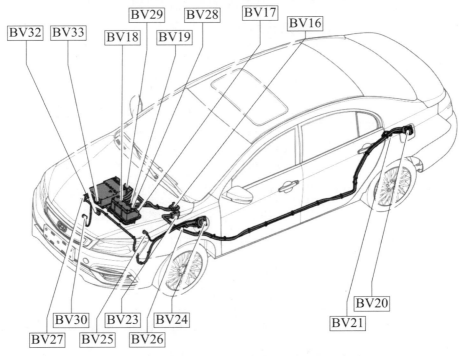

图 2-19　吉利帝豪 EV450 纯电动汽车动力线束布置图（二）

吉利帝豪 EV450 纯电动汽车动力线束连接器含义　　表 2-3

线束连接器	名　　称	线束连接器	名　　称
BV01	动力线束接发动机舱线束连接器	BV18	接电机控制器线束连接器 1
BV03	接发动机舱熔断丝、继电器盒(接线片 1)	BV19	接驱动电机线束连接器
BV04	接发动机舱熔断丝、继电器盒(接线片 2)	BV20	直流充电插座线束连接器
BV06	电动真空泵线束连接器	BV21	接低压线束连接器(直流)1
BV07	减速器线束连接器	BV23	接动力电池线束连接器 2
BV08	空调压缩机线束连接器	BV24	交流充电插座线束连接器
BV09	水冷水泵线束连接器	BV25	接低压线束连接器(交流)1
BV10	充电机控制器线束连接器	BV26	接低压线束连接器(交流)2
BV11	电机控制器线束连接器	BV27	接车载充电机线束连接器
BV12	DC 输出＋线束连接器	BV28	接电机控制器线束连接器 2
BV13	电机线束连接器	BV29	接 OBC 分线盒线束连接器 2
BV14	电机水泵线束连接器	BV30	接电动压缩机线束连接器
BV15	TCU 线束连接器	BV32	接 PTC 加热控制器线束连接器 1
BV16	接动力蓄电池线束连接器 1	BV33	接 OBC 分线盒线束连接器 3
BV17	接 OBC 分线盒线束连接器 1	BV34	DC 输出-线束连接器

二、搭铁布置图

车辆上的蓄电池和低压用电器通过车身金属搭铁,不同线路搭铁点的位置不同，为了便于查找，电路图手册提供了各个搭铁点的安装位置信息，即搭铁布置图。如图2-16为别克威朗G203/G204搭铁分布图，其在车辆上的安装位置，如图2-20所示，通过立体视图可以确定在右前乘客侧仪表板下方。

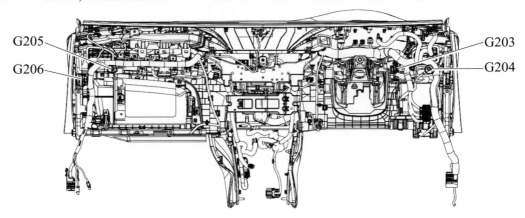

图2-20　别克威朗部分搭铁布置图

三、部件视图

车辆上的传感器、执行器、控制模块、接线盒、开关、灯泡等任何电路涉及的部件，其安装位置都能够通过查阅电路图的部件视图确定，例如图2-6中的X50A熔断丝盒，其在车辆上的安装位置，查阅部件视图，如图2-21所示，可知X50A熔断丝盒在发动机舱的左侧。

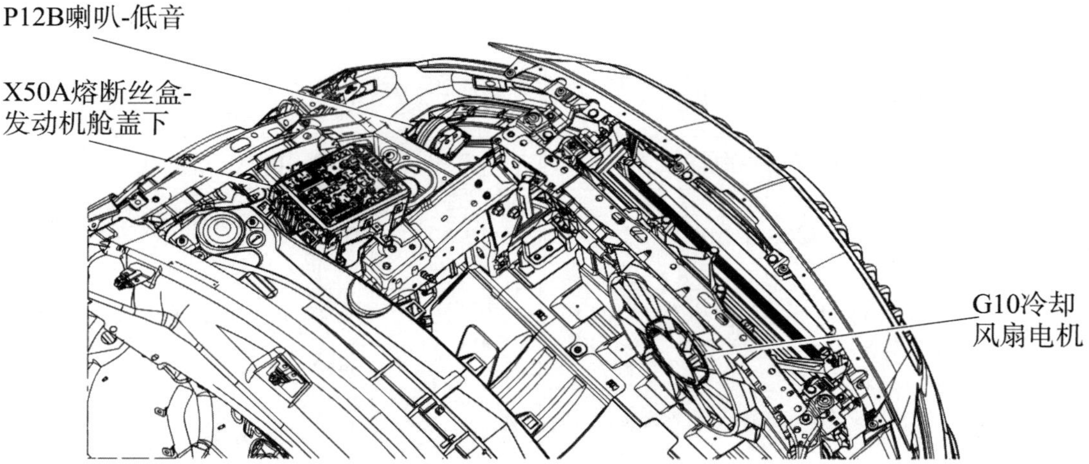

图2-21　别克威朗X50A熔断丝盒部件视图

如果需要了解发动机传感器或执行器的安装位置信息时，同样可以通过查阅部件视图，如图2-22所示。

单元二　汽车电路图的类型与功能

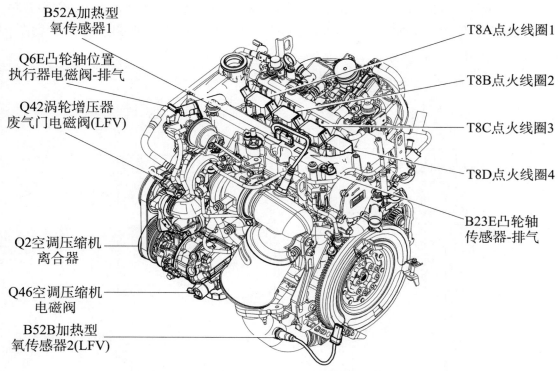

图 2-22　别克威朗发动机前部部件视图

四、接线盒示意图

接线盒一般又成为熔断丝盒,用于安装熔断丝和继电器,是车辆电源的分配和控制中心,如图 2-6 中的 X50A 熔断丝盒,其内部安装有 KR73 点火主继电器和 F36UA 熔断丝,它们在接线盒内具体的安装位置,需要通过查阅接线盒示意图,在别克威朗电路图手册中,称作"电气中心识别视图",如图 2-23 所示。通过查阅手册提供的代号信息,K18 为 KR73 点火主继电器,F36 为 F36UA 熔断丝,那么根据图示信息,即可在车辆上找到继电器和熔断丝的安装位置。

五、连接器示意图

当我们需要对汽车电路中某一根导线进行检测时,就需要准确找到这根导线的位置,那么首先需要确定该导线属于哪个连接器以及连接器的安装位置。如图 2-7 所示排气侧凸轮轴位置传感器的 5V 电源,其导线一端与传感器连接,另一端与发动机控制模块连接。在确定排气侧凸轮轴位置传感器(图 2-22)和发动机控制模块(图 2-24)的安装位置后,即可确定导线两端连接器 B23E 和 K20/X2 的安装位置。然后再确定 5V 电源线 1 号针角在 B23E 连接器的排列位置和另一端6号针脚在K20/X2连接器的排列位置,即明确了排气侧凸轮轴位置传感器5V电源线的位置。确定导线针脚在连接器的排列位置,需要查阅连接器示意图,如图2-25和图2-26所示。

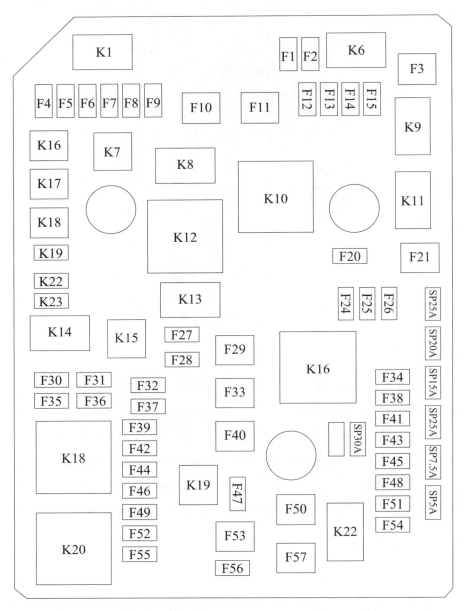

图2-23 别克威朗接线盒示意图(X50A发动机舱盖下熔断丝盒标签)

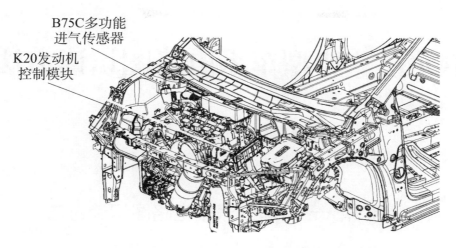

图 2-24　别克威朗发动机控制模块部件视图

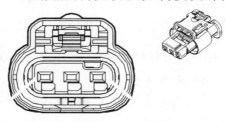

图 2-25　排气册凸轮轴位置传感器连接器示意图

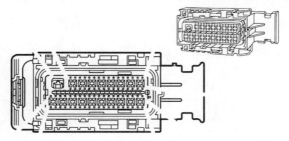

图 2-26　发动机控制模块 X2 连接器示意图

单元三　典型车系电路图识读方法

课题一　丰田汽车电路图识读方法

一、元件名称缩略语

为简明扼要表达电路图中元器件名称，丰田汽车电路图手册中利用英文缩写表示元件名称，常用缩略语见表3-1。

缩略语一览表　　　　　　　　　表3-1

元件名称	缩略语	元件名称	缩略语
空调	A/C	右侧	RH
自动传动桥	A/T	辅助约束系统	SRS
防抱死制动系统	ABS	温度	TEMP
声控进气系统	ACIS	牵引力控制	TRC
控制器区域网络	CAN	发动机控制模块	ECM
中央处理器	CPU	电子控制变速器	ECT
无级变速器（传动桥）	CVT	电子控制单元	ECU
数据链路连接器3	DLC3	电子助力转向	EPS
电子燃油喷射	E.F.I	熔断丝	FL
电镀铬	EC	高强度放电	HID
手动传动桥	M/T	集成电路	IC
继电器盒	R/B	接线盒	J/B

续上表

元件名称	缩略语	元件名称	缩略语
发光二极管	LED	可变气门正时	VVT
左侧	LH	带	W/
车辆温度性控制	VSC	不带	W/O
真空开关阀	VSV	—	—

二、电路图形符号

丰田汽车常用电路图符号及其含义见表3-2。

丰田汽车电路图符号及其含义　　　　表3-2

电路图符号	含义	电路图符号	含义
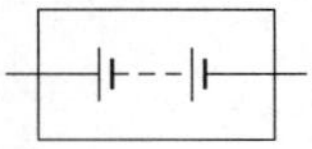	蓄电池:存储化学能量并将其转换成电能;为车辆的各种电路提供直流电		稳压二极管:允许电流单向流动,但只在不超过某一个特定电压时才阻挡反向流动的二极管。超过该特定电压时,稳压二极管可允许超过部分的电压通过。可作为简易稳压器使用
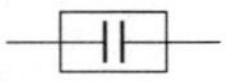	电容器(冷凝器):临时存储电压的小型存储单元		光电二极管:光电二极管是一种根据光线强度控制电流的半导体
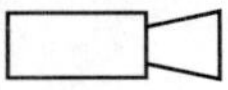	点烟器:电阻加热元件		
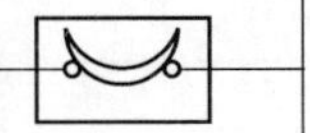	断路器:通常指可重复使用的熔断丝。如果有过量的电流经过,断路器会变热并断开。有些断路器在冷却后自动复位,有些则必须手动复位	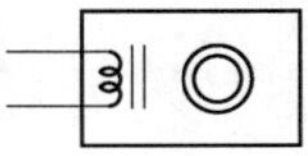	分电器IIA:将来自点火线圈的高压电流导至单独的火花塞

续上表

电路图符号	含 义	电路图符号	含 义
(中等电流保险丝或熔断丝) (大电流保险丝或熔断丝)	保险丝:一个金属薄片,当通过过量电流时会熔断,可以阻断电流,防止电路受损。 熔断丝:置于高电流电路中的大号线束,在负载过大时会熔断,因此可保护电路。数字表示线束横截面面积		点火线圈:将低压直流电转换为高压点火电流,使火花塞产生火花 灯:电流流过灯丝,使灯丝变热并发光
⊥	搭铁:配线与车身相接触的点,因此为电路提供一条回路,没有搭铁线路,电流就无法流动		LED(发光二极管):电流流过发光二极管时会发光,但发光时不会像同等规格的灯一样产生热量
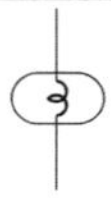 单灯丝 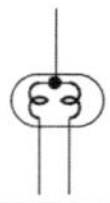 双灯丝	前照灯:电流使前照灯灯丝发热并发光。前照灯可分为单灯丝或双灯丝		模拟仪表:电流会使电磁线圈接通,并使指针移动,从而比照背景的校准刻度提供一种相对显示
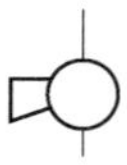	喇叭:可以发出巨大音频信号的电子装置	 FUEL	数字仪表:电流会激活一个或多个 LED、LCD 或荧光显示屏,这些显示屏可提供相关显示或数字显示
	二极管:只允许电流单向流通的半导体	 Ⓜ	电动机:将电能转化为机械能(特别是旋转运动)的动力装置

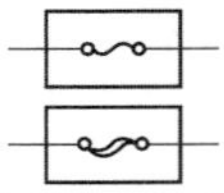

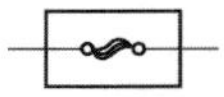

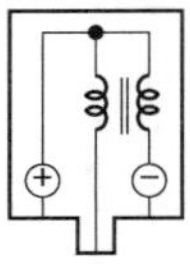

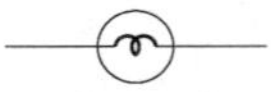

单元三　典型车系电路图识读方法

续上表

电路图符号	含　　义	电路图符号	含　　义
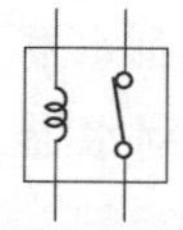 正常闭合 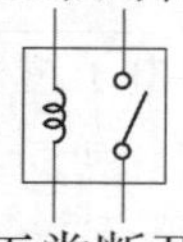 正常断开	断电器：一般指可正常闭合或断开的电子控制开关。流经小型线圈的电流生成一个磁场，可断开或闭合所附接的开关	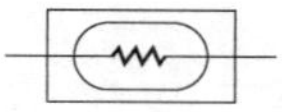	传感器（热敏电阻）：电阻值随温度而变化的电阻器
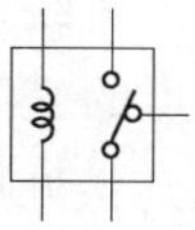	双掷断电器：使电流流过两组触点中任意一组的一种断电器	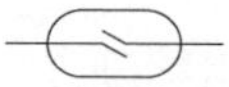 （舌簧开关型）	速度传感器：使用电磁脉冲断开和闭合开关，以生成一个信号，用来激活其他零部件
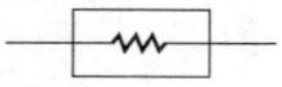	电阻器：有固定电阻的电气零部件，置于电路中，可将电压降至某一个特定值	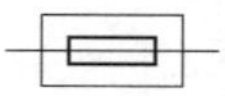	短接销：用来在接线盒内部建立不可断开的连接
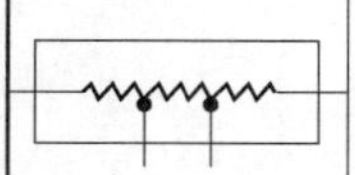	抽头式电阻器：一种电阻器，可以提供两种或两种以上不同的不可调节的电阻值	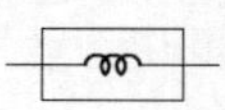	电磁线圈：一种电磁线圈，可在电流流过时产生磁场以便移动柱塞等
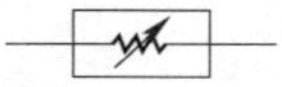	电阻器、可变电阻或变阻器：一种带有可变电阻额定值的可控电阻器，也被称为电位计或变阻器		扬声器：一种可利用电流产生声波的机电装置

57

续上表

电路图符号	含 义	电路图符号	含 义
正常断开 正常闭合	手动开关：断开和闭合电路，从而可阻断或允许电流通过		刮水器停止开关：刮水器开关关闭时可自动将刮水器返回到停止位置的开关
	双掷开关：使电流持续流过两组触点中任意一组的一种开关		晶体管：主要用作电子继电器的一种固态装置；根据在"基极"上施加的电压来阻止或允许电流通过
	点火开关：使用钥匙操作且有多个位置的开关，可以来操作各种电路，特别是初级点火电路	未连接 接合	线束在电路图上以直线表示。连接处没有黑点的交叉线束为未接合连接；连接处标有黑点或八角形（○）的交叉线束为接合连接

三、电路图识读方法

如图 3-1 所示，为丰田卡罗拉汽车制动灯实物图。现以图 3-2 举例说明丰田车系电路图的识读方法。

图 3-1　丰田卡罗拉汽车制动灯实物图

[A]：系统标题。

[B]：表示继电器盒。未用阴影表示，仅表示继电器盒编号，用以和接线盒进行区分。

[C]：当车型、发动机类型或规格不同时，用（ ）来表示不同的配线盒连接器等。

[D]：表示相关联的系统。

[E]：表示用来连接线束的插头式连接器和插座式连接器的代码。连接器代码由两个字母和一个数字组成，如图 3-3 所示。

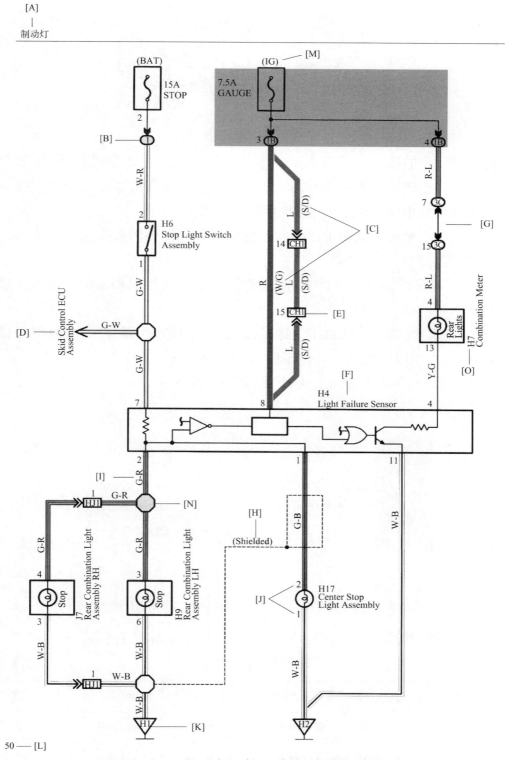

图 3-2 丰田卡罗拉汽车制动灯电路图

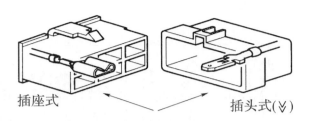

图 3-3　连接器

连接器代码的第一个字符表示插座式连接器线束上的字母代码,第二个字符表示插头式连接器线束上的字母代码,第三个字符是在存在多个相同线束组合时用来区别线束组合的系列号(如 CH1 和 CH2)。

符号(∀)表示插头式端子连接器。连接器代码外侧的数字表示插头式连接器和插座式连接器的针脚编号。

[F]:代表零件(所有零件均使用天蓝色表示),该代码和零件位置中使用的代码相同。

[G]:接线盒(圆圈中的数字为接线盒编号,连接器代码显示在旁边)。接线盒以阴影表示,用以明确区分其他零件,如图 3-4 所示。

[H]:表示屏蔽电缆,防止信号干扰,如图 3-5 所示。

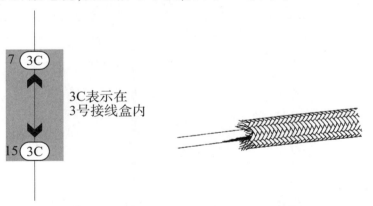

图 3-4　连接盒编号　　　　图 3-5　屏蔽电缆

[I]:表示配线颜色,配线颜色以字母代码表示,具体见表 3-3。

配线颜色一览表　　　　表 3-3

配线颜色	字母代号	配线颜色	字母代号	配线颜色	字母代号
黑色	B	紫罗兰色	V	浅绿色	LG
棕色	BR	红色	R	黄色	Y

续上表

配线颜色	字母代号	配线颜色	字母代号	配线颜色	字母代号
橙色	O	天蓝色	SB	灰色	GR
白色	W	绿色	G	米黄色	BE
蓝色	L	粉红色	P	—	—

当导线采用双颜色表示时,第一个字母表示基本配线颜色,第二个字母表示条纹颜色,如图3-6所示。

[J]:表示连接器的针脚编号。插座式连接器和插头式连接器的编号系统各不相同,如图3-7所示。

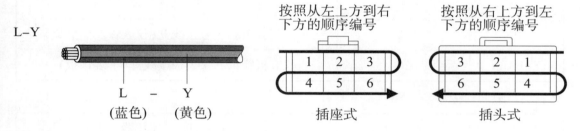

图3-6 双色导线　　　　图3-7 插头与插座编号规则

[K]:表示搭铁点,该处代码由两个字符组成:一个字母和一个数字。第一个字符表示线束的字母代码,第二个字符是当同一线束存在多个搭铁点时用来区别各搭铁点的系列号。

[L]:页码。

[M]:向熔断丝供电时,用来表示点火钥匙的位置。

[N]:表示配线接合点,如图3-8所示。

[O]:线束代码。各线束以代码表示,线束代码用于表示零件代码、线束间连接器代码和搭铁点代码。例如:H7(组合仪表)、CH1(插头式线束间连接器)和H2(搭铁点)表示它们是同一线束"H"的零件。

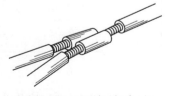

图3-8 配线接合点

四、电路图元件位置查阅

为了便于技术人员查找电路图中元件安装位置,丰田汽车在每个系统电路图后附有相关元件安装位置说明,如图3-9所示。

[P]○:零件位置。

代码	参考页	代码	参考页	代码	参考页
H4	36	H7	36	H17	38
H6	36	H9	38	J7	38

[Q]○:继电器盒。

代码	参考页	继电器盒(继电器盒位置)
1	18	1号继电器盒(仪表板左侧支架)

[R]○:接线盒和线束连接器。

代码	参考页	接线盒和线束(连接器位置)
3C	22	仪表板线束和3号接线盒(仪表板左侧支架)
1B	20	仪表板线束和仪表板接线盒(下装饰板)

[S]□:线束间连接器。

代码	参考页	连接线束和线束(连接器位置)
CH1	42	发动机舱主线束和仪表板线束(左侧踏脚板)
HU1	50	仪表板线束和地板线束(右侧踏脚板)

[T]▽:搭铁点。

代码	参考页	搭铁点位置
H1	50	左侧中柱下方
H2	50	中央背板

图3-9 元件安装位置说明

[P]:表示车辆系统电路中零件位置的参考页。

示例:代码"H4"(灯故障传感器)在本手册的第36页。代码的第一个字符表示线束的字母代码,第二个字符表示与线束连接的零件的系列号。

[Q]:表示系统电路中车辆继电器盒连接器位置的参考页。

示例:连接器"1"在本手册第18页加以说明,其安装在仪表板左侧。

[R]：表示系统电路中车辆接线盒和线束位置的参考页。

示例：连接器"3C"连接仪表板线束和3号接线盒。在本手册第22页加以说明，其安装在仪表板左侧。

[S]：表示线束间连接器的参考页（首先显示插座式线束，然后显示插头式线束）。

示例：连接器"CH1"连接发动机室主线束（插座式）和仪表板线束（插头式）。在本手册第42页加以说明，其安装在左侧踏脚板上。

[T]：表示车辆上搭铁点位置的参考页。

示例：搭铁点"H2"在本手册第50页加以说明，其安装在中央背板上。

课题二 北京现代汽车电路图识读方法

一、导线颜色缩写

北京现代汽车电路图中识别导线颜色的字母代号见表3-4。

配线颜色一览表　　表3-4

导线颜色	字母代号	导线颜色	字母代号
黑色	B	橙色	O
棕色	Br	粉色	P
绿色	G	红色	R
灰色	Gr	白色	W
蓝色	L	黄色	Y
浅绿色	Lg	紫色	Pp
褐色	T	浅蓝色	Ll

二、线束识别标记

根据线束的不同位置，把线束分成以下几类，见表3-5。

线束识别标记一览表　　　　　　　表3-5

符号	线束名称	位置
E	发动机、蓄电池线束	发动机、前端模块、蓄电池
M	主线束	室内、仪表板罩下部和底板
F	底板、倒车警告线束	底板、行李舱盖
C	控制、喷油嘴延伸、点火延伸、MTM延伸线束	发动机舱室内
R	天窗线束	天窗
D	出门线束	车门

三、连接器代号识别

导线连接器识别代号由线束位置识别代号和导线连接器识别代号组成,如图3-10所示。

每个连接器的连接器由以下符号组成,如图3-11所示。

图3-10　导线连接器识别代号示例　　　图3-11　连接器识别代号示例

接线盒和各线束间的导线连接器用下列方法表示,如图3-12所示。

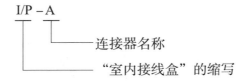

图3-12　接线盒连接器识别代号示例

四、导线连接器形状和端子号排列

导线连接器的公插头和母插座形状定义及端子号排列定义见表3-6。

导线连接器形状和端子号排列 表 3-6

(公)实际形状	(母)实际形状	备 注
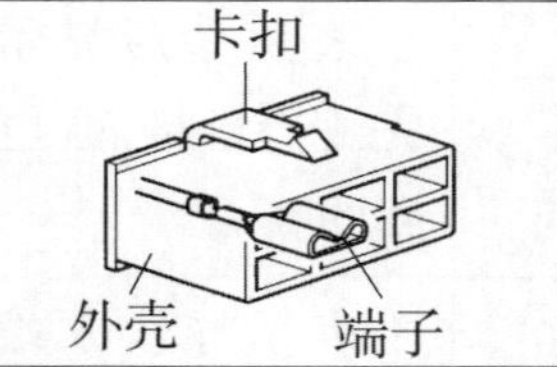 卡扣 外壳 端子	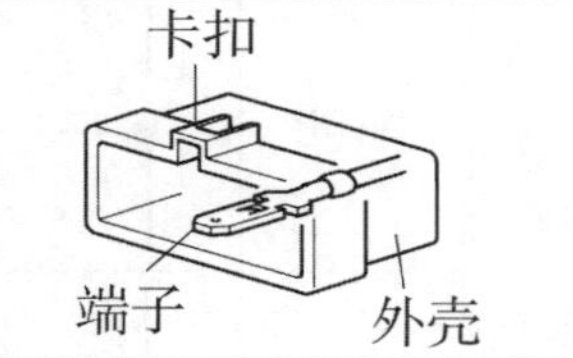 卡扣 端子 外壳	这里不是说明导线连接器外壳形状而是说明辨别公导线连接器和母导线连接器上的端子排列表示法。 某些导线连接器端子不使用这种表示方法，具体情况参照导线连接器形状图
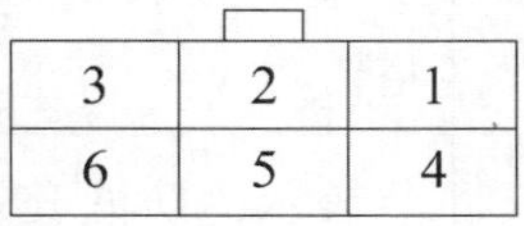 3 2 1 6 5 4	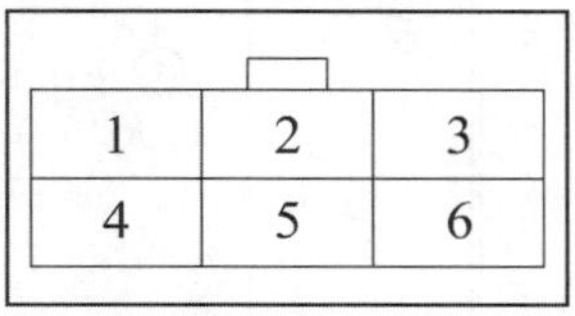 1 2 3 4 5 6	
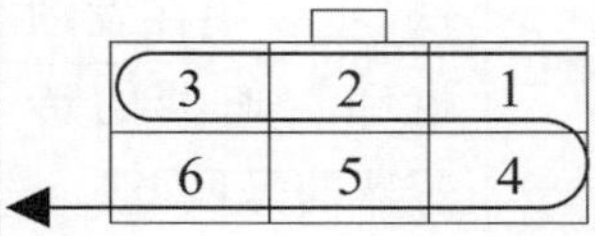 3 2 1 6 5 4	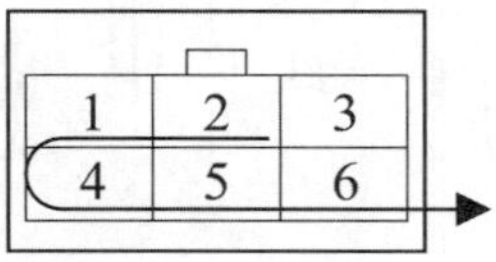 1 2 3 4 5 6	母导线连接器从右上侧开始往左下侧的顺序读号码。 公导线连接器从左上侧开始往右下侧的顺序读号码

五、电路图形符号

北京现代汽车常用电路图符号及其含义见表 3-7。

北京现代汽车常用电路图符号及其含义 表 3-7

类型	符号	说明	类型	符号	说明
部件	 (实心矩形)	表示部件全部	部件	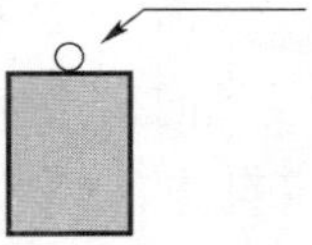	表示导线连接器用螺丝固定在部件上
	 (虚线矩形)	表示部件一部分			
		表示导线连接器在部件上		(接地符号)	表示部件外壳搭铁
		表示导线连接器通过导线与部件连接		制动灯开关 图03	部件名称:上部显示部件名称 表示部件位置图编号

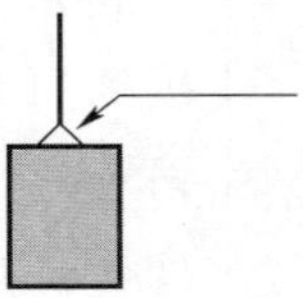

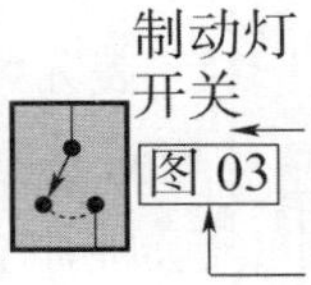

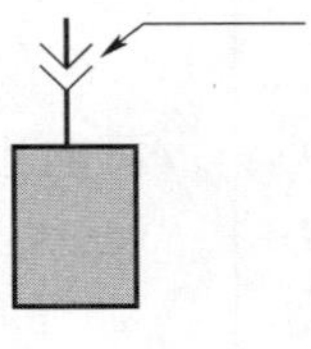

续上表

类型	符号	说明	类型	符号	说明
连接器	10 M05-2 公连接器/母连接器	表示在部件位置索引上的连接器编号	编接	L L	表示参照显示完整线路的电路图
	R Y/L 3 1 E35 R Y/L	表示对应端子编号(仅置于相关端子)	搭铁	G06	表示导线末端在车辆金属部分搭铁
		虚线表示2个导线同一在E35导线连接器上	编接导线	G06	表示为防波套,防波套要永久搭铁(主要用在发动机和变速器的传感器信号线上)
WIRE	B	表示下页继续连接			
	Y/R	表示黄色底/红色条导线(2个以上颜色的导线)	短接连接器		表示多线路短接的导线连接器
	从左侧页 A / A 到右侧页	表示这根导线连接在所显示页,箭头表示电流方向	易熔丝	常时电源 发动机舱熔断丝&继电器盒 易熔丝 30A	电流 名称 容量
	R 电路图名称	箭头表示导线连接到其他线路	熔断丝	ON电源 室内熔断丝&继电器盒 喇叭熔断丝 10A	表示点火开关"ON"时的电源 表示短路片连接到每个熔断丝 编号 容量
	自动变速器 G / 手动变速器 G G G	表示根据不同配置选择线路(指示判别有关选择配置为基准的电路)	电源连接器		蓄电池电源

单元三　典型车系电路图识读方法

续上表

类型	符号	说明	类型	符号	说明
灯	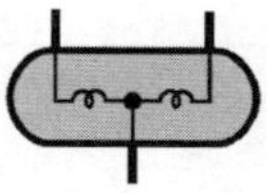	双丝灯泡	通用部件符号		传感器
		单丝灯泡			传感器
二极管		二极管——单向导通电流			喷油嘴
		发光二极管——导通电流时发光			电磁阀
		稳压二极管——流过反方向规定以上电流			电动机
TR	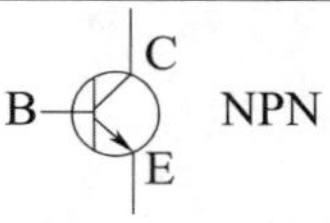 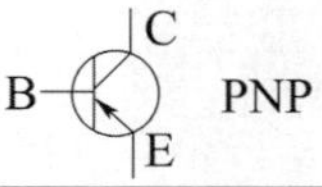 B C E NPN / B C E PNP	开关或放大作用			蓄电池
					电容器
					扬声器
通用部件符号		开关(双触点)——表示开关沿虚线摆动,而细虚线表示开关之间的联动关系			警音器,喇叭,蜂鸣器,警报器
		开关(单触点)	继电器		常开式
					常闭式
					内装二极管的继电器
		加热器			内装电阻的继电器

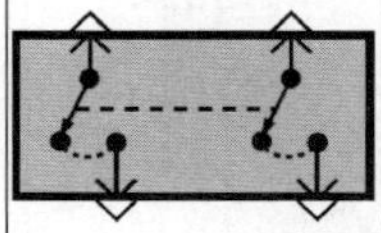

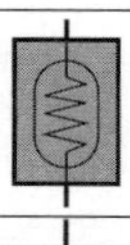

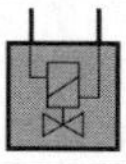

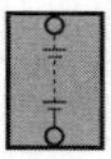

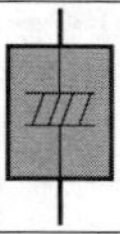

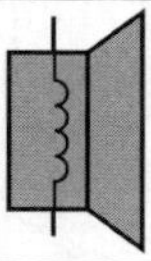

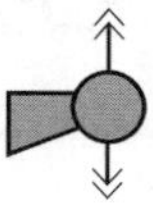

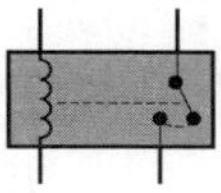

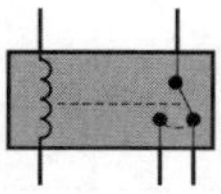

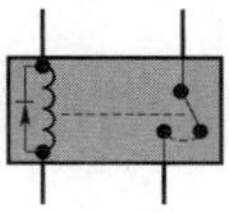

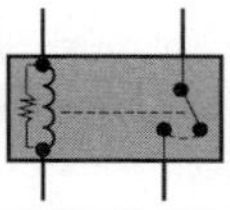

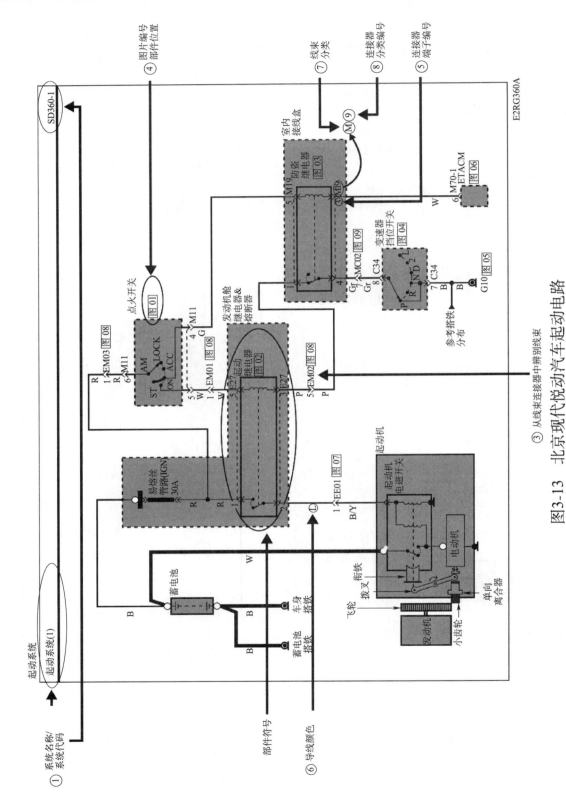

图3-13 北京现代悦动汽车起动电路

六、电路图识读方法

如图3-13所示,以北京现代悦动汽车起动电路为例,举例说明北京现代汽车电路图的识读方法。

 大众汽车电路图识读方法

一、电路图的特点

(1)系统纵向排列。总线路采用纵向排列,某一系统电路画在总线路的一个区域内。基本电路按电源、起动机、点火电路等系统顺序编排。

(2)以中央接线盒为中心。中央接线盒贯穿整车电路图的上部区域。

汽车整个电气系统以中央接线盒为中心。部分继电器和熔断器都安装在中央接线盒正面,主线束从中央接线盒反面接插后通往各个用电设备。如图3-14所示上部的灰色区域表示汽车中央接线盒的继电器与熔断器,区域内部的水平线为接电源正极的导线。

(3)断线代号法避免电路交叉。在线路的断开处标上要连接的线路号,如图3-15所示,在线路的断线处方框内有61,其线路图下端标号为66,只要在线路图下端找到标号为61,则其上部断线处必标有66,说明在两标号处为断线连接处。

(4)电路图底部横线标明搭铁方式和部位。电路图下部的水平线为搭铁线,导线搭铁端标注有带圈的数字代号,如图3-14中的②和⑨,各代号的接地部位见电路图下面的图注。在车上,不是所有电器都直接与金属车体相连接而搭铁的,有的通过接地插座,有的则通过其他电器或电子设备再搭铁连接。

总之,大众电路图的结构一般都是由电路的名称、中央电器继电器板和熔断丝座、负载回路、车辆接地点及相应编号、元件代码和名称所组成,如图3-14所示。

二、电路图形符号

大众汽车常用电路图符号及其含义见表3-8。

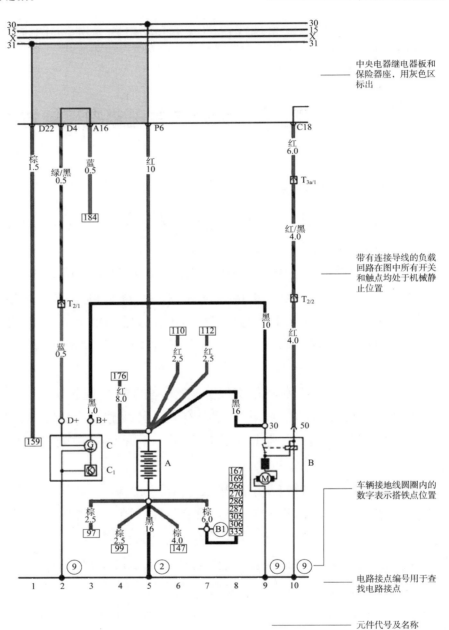

图 3-14　大众电路图结构

A-蓄电池；B-起动机；C-交流发电机；C1-调压器；D-点火开关；T2-发动机线束与发电机线束插头连接，2针，在发动机舱中间支架上；T3a-发动机线束与前照灯线束插头连接，3针，在中央电器后面；②-搭铁点，在蓄电池支架上；⑨-自身搭铁；B1-搭铁连接线，在前照灯线束内

大众汽车常用电路图符号及其含义　　表3-8

电路图符号	含义	电路图符号	含义
	熔断丝		手动开关
	蓄电池	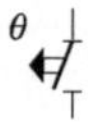	温控开关
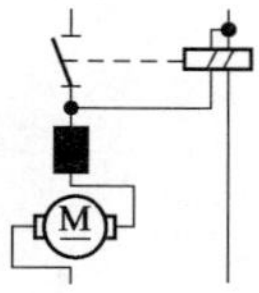	起动机		按键开关
			机械开关
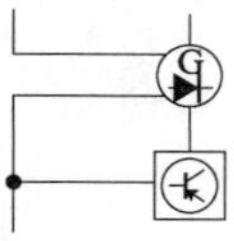	交流发电机	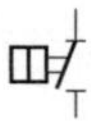	压力开关
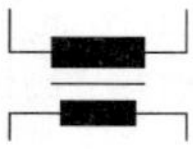	点火线圈	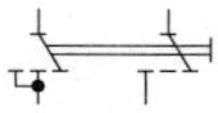	多挡手动开关
	火花塞和火花塞插头	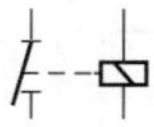	继电器
	电热丝		灯泡
	电阻	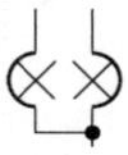	双丝灯泡
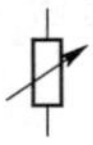	可变电阻		发光二极管

续上表

电路图符号	含 义	电路图符号	含 义
	内部照明灯		不可拆式导线接点
	显示仪表		线束内导线连接
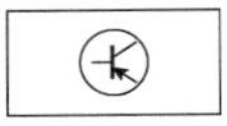	电子控制器	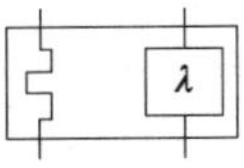	氧传感器
	电磁阀		电动机
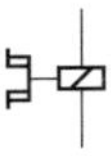	电磁离合器	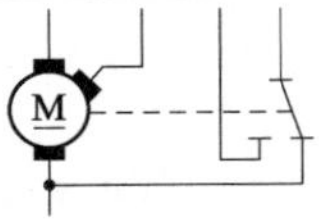	双速电动机
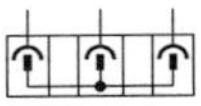	接线插座	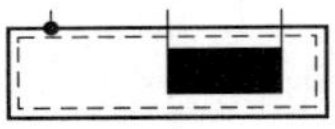	感应式传感器
	插头连接	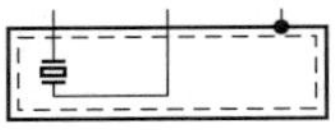	爆震传感器
	元件上多针插头连接		数字钟
	元件内部导线接点	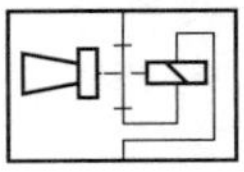	喇叭
	可拆式导线接点	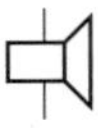	扬声器

三、电路图识读方法

如图 3-15 所示,以大众桑塔纳汽车油泵继电器控制电路为例,举例说明大众汽车电路图的识读方法,具体说明见表 3-9。

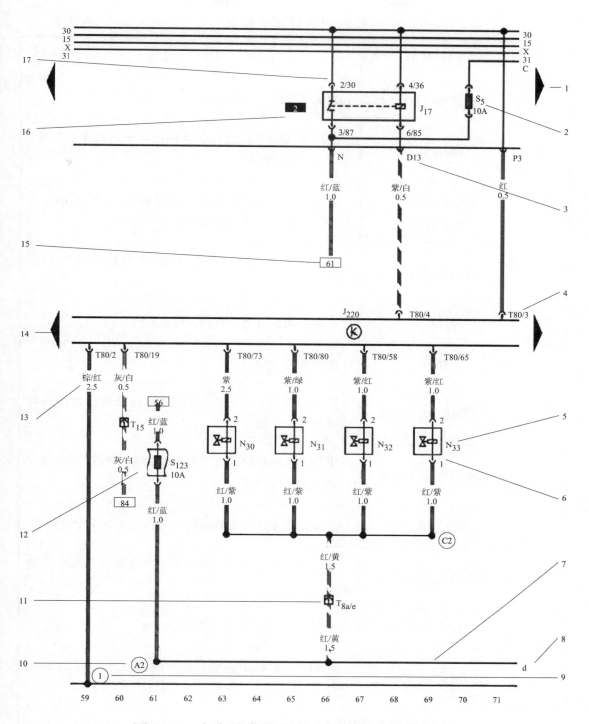

图 3-15 大众桑塔纳汽车油泵继电器控制电路

线束识别标记一览表　　　　　　表 3-9

序号	注释名称	说　明
1	三角箭头	表示下接下一页电路图
2	熔断丝代号	图中 S_5 表示该熔断丝位于熔断丝座的第 5 号位置,容量为 10A(红色)
3	继电器板插头连接代号	表示多针或单针插头连接和导线位置,例如 D13 表示多针插头连接,D 位置触点 13
4	接线端子代号	表示电器元件上接线端子数/多针插头连接触点号码
5	元件代号	在电路图下方可以查到元件名称
6	元件符号	电路图符号说明
7	内部接线(细实线)	该接线并不是作为导线设置的,而是表示元件或导线束内部的电路
8	指示内部接线走向	字母表示内部接线在下一页电路图中与标有相同字母的内部接线相连
9	搭铁点代号	在电路图下方可查到该代号搭铁点在汽车上的位置
10	线束内连接线代号	在电路图下方可查到该不可拆式连接位于哪个导线束内
11	插头连接	例如,$T_{8a/6}$ 表示 8 针 a 插头触点 6
12	附加熔断丝符号	例如,S_{123} 表示中央电器附加继电器板上第 23 号位熔断丝,10A
13	导线颜色及截面积	单位:平方毫米(mm^2),例如,"棕/红 2.5"表示导线颜色是棕色和红色的双色线,导线的截面积是 $2.5mm^2$

续上表

序号	注释名称	说明
14	三角箭头	指示元件接续上一页电路图
15	指示导线走向	框内的数字指示导线连接到哪个接点编号
16	继电器位置编号	表示继电器板上的继电器位置编号
17	继电器板上继电器/控制器接线代号	该代号表示继电器多针插头的各个触点,例如,2/30 中的 2 表示继电器板上 2 号位插口的触点,30 表示继电器/控制器上的触点 30

课题四 雪佛兰汽车电路图识读方法

通过本单元前面三个课题的学习,我们掌握了不同车系汽车的电路图识读方法,发现虽然存在读图方法上的差别,但读图的基本思路是相同的,可概括为:认识图形符号;搞清线路连接关系;确认元件、线路、连接器等在车辆上的安装位置;分析工作过程。

随着网络技术发展,各汽车厂商已将电路图手册由纸质形式向电子化、网络化形式转变,既利于技术人员查阅,又便于技术保护。通用旗下的科鲁兹汽车维修手册,利用网络技术将电路图手册和维修手册融合,改变了技术人员传统的纸质查阅习惯。

一、电路图特点

雪佛兰汽车电路图采用示意图形式,只表示元件间的线路连接关系,不体现安装位置的相关信息,如图3-16所示。

示意图各个系统之间独立存在,虚线框表示相关元件的部分功能,如图3-16所示。

各个系统中的电源电路和通信电路只局部表示,完整的电源电路和通信电路单独查询。如图3-17所示。

二、导线颜色缩写

雪佛兰科鲁兹汽车电路图中识别导线颜色的字母代号见表3-10。

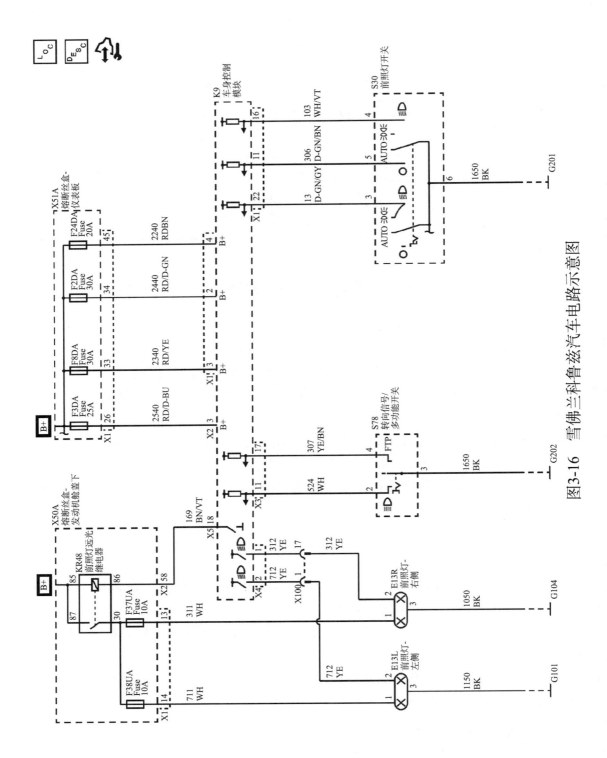

图3-16 雪佛兰科鲁兹汽车电路示意图

单元三 典型车系电路图识读方法

第 11 章　电源和信号分布

　　11.1　数据通信

　　11.2　电源插座

　　11.3　线路系统和电源管理

图 3-17　雪佛兰科鲁兹汽车电源和信号电路图目录

导线颜色一览表　　　　　　　　　　　表 3-10

导 线 颜 色	字 母 代 号	导 线 颜 色	字 母 代 号
琥珀色	AM	橙色	OG
裸线	BARE	粉红色	PK
浅褐色	BG	紫色	PU
黑色	BK	红色	RD
棕色	BN	铁锈色	RU
蓝色	BU	银白色	SR
透明色	CL	水鸭色	TL
奶油色	CR	黄褐色	TN
咖啡色	CU	青绿色	TQ
金黄色	GD	紫罗兰色	VT
绿色	GN	白色	WH
灰色	GY	黄色	YE
木色	NA	—	—
颜色修饰符			
浅色	L	深色	D

三、电路图形符号

雪佛兰科鲁兹汽车常用电路图符号及其含义见表 3-11～表 3-18。

电压指示符号及含义一览表　　　　　表 3-11

符号	含义	符号	含义
B+	蓄电池电压	IGN 0	点火开关—Off（关闭）位置
IGN Ⅰ	点火开关—Accessory（附件）位置	IGN Ⅱ	点火开关—Run（运行）位置
IGN Ⅲ	点火开关—Start（起动）位置	—	—

一般符号及含义一览表　　　　　表 3-12

符号	含义	符号	含义
LOC	主要部件列表图标：示意图上的图标，用于链接"主要电气部件列表"	DESC	说明与操作图标：示意图上的图标，用于链接特定系统的"说明与操作"
（扳手箭头图标）	计算机编程图标：示意图上的图标，用于链接"控制模块参考"，确定更换时需要编程的部件	→	下一页示意图图标：示意图上的图标，用于进入子系统的下一页示意图
←	前一页示意图图标：示意图上的图标，用于进入子系统的前一页示意图	↑↓	串行数据通信功能：该图标用于向技术人员表明该串行数据电路详细信息未完全显示。也能有效链接至可完全显示该电路的"数据通信示意图"

开关符号及含义一览表   表3-13

符 号	含 义	符 号	含 义
↑ ∧ △	常规向上箭头	↓ ∨ ▽	常规向下箭头
← < ◁	常规向左箭头	→ > ▷	常规向右箭头
↓↓	常规快速向下箭头	⏻	接通/关闭图标
🔒	常规锁止图标	🔓	常规解锁图标
	常规车窗开关位置-4门		常规车窗开关位置-2门

部件符号及含义一览表   表3-14

符 号	含 义	符 号	含 义
	非完整部件,当某个部件采用虚线框表示时,表明该部件或其导线并未完整显示		完整部件,当某个部件采用实线框表示时,表明该部件或其导线已完整显示
12	直接固定在部件上的连接器	↑12	引线连接器

模块电路功能符号及含义一览表   表3-15

符 号	含 义	符 号	含 义
	输入/输出下拉电阻器（-）	B+	蓄电池电压
	输入/输出高压侧驱动开关（+）	5V	参考电压
	输入/输出双向开关（+/-）		低电平参考电压

续上表

符　号	含　义	符　号	含　义
↑↓	串行数据	I GN	点火电压
天线符号	天线信号-输出	5V AC	空调电压
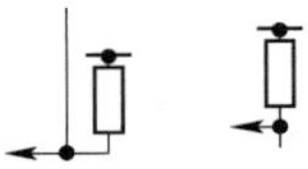 上拉电阻符号	输入/输出上拉电阻器（+）	搭铁符号	搭铁
低压侧驱动开关符号	输入/输出低压侧驱动开关（+）	↓↑	天线信号-输入
 脉宽符号	脉宽调制符号	 手形符号	接合制动器

模块电路功能符号及含义一览表　　　　表3-16

符　号	含　义	符　号	含　义
 熔断丝符号	熔断丝	易熔线符号	易熔线
 断路器符号	断路器	 壳体搭铁符号	壳体搭铁
⊥	搭铁	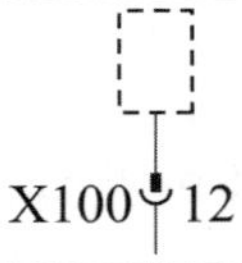 X100 12	引线连接
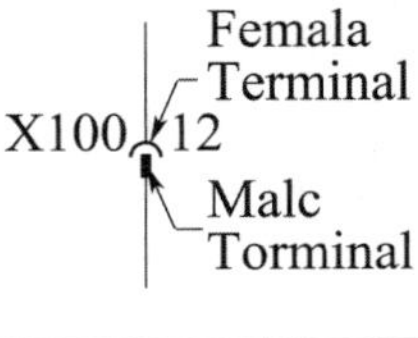 Femala Terminal X100 12 Malc Torminal	直列式线束连接器	钝切线符号	钝切线
临时或诊断连接器符号	临时或诊断连接器	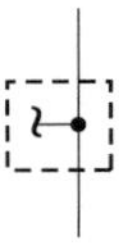 不完整物理接头符号	不完整物理接头
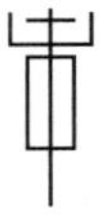 继电器供电的熔断丝符号	继电器供电的熔断丝	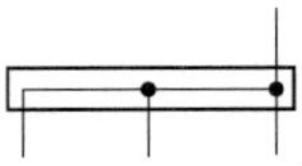 完整物理接头符号	完整物理接头-3 条或更多线路

续上表

符号	含义	符号	含义
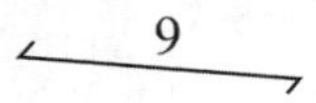	绞合线	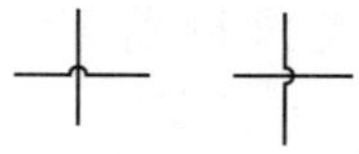	导线交叉
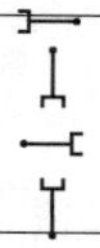	电路参考	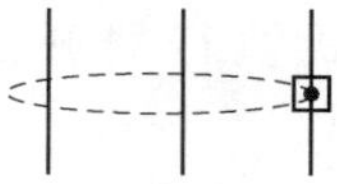	屏蔽
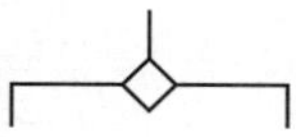	选装件断裂点		电路延长箭头
	连接器短路夹	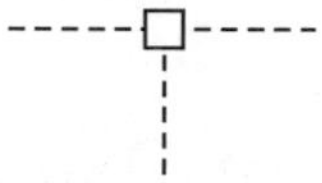	搭铁电路连接
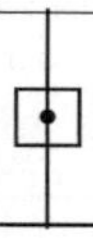	完整物理接头-2条线路	—	—

开关和继电器符号及含义一览表　　表3-17

符号	含义	符号	含义
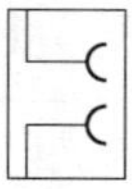	附件电源插座	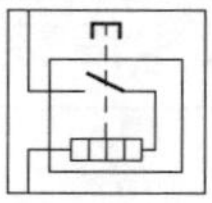	点烟器
	2挡常开开关		2挡常闭开关
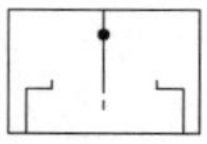	摇臂开关		接触片开关(1线)
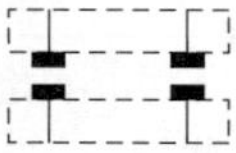	接触片开关(2线)		3挡开关
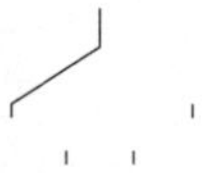	4挡开关		5挡开关
	推入式执行器开关(瞬时)		推入式执行器开关(锁闩)

续上表

符　号	含　义	符　号	含　义
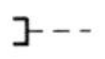	拉出式执行器开关（瞬时）	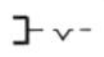	拉出式执行器开关（锁闩）
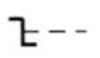	旋转式执行器开关（瞬时）	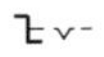	旋转式执行器开关（锁闩）
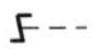	滑动式执行器开关（瞬时）	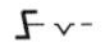	滑动式执行器开关（锁闩）
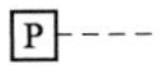	压力执行器开关（瞬时）	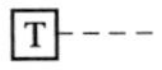	温度执行器开关（瞬时）
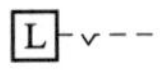	音量执行器开关（锁闩）	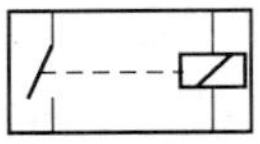	4 针单刀单掷继电器-常开
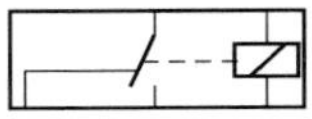	5 针继电器-常闭		6 挡开关

装置和传感器符号及含义一览表　　　　　表 3-18

符　号	含　义	符　号	含　义
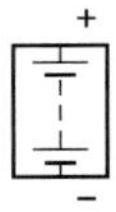	蓄电池		可变电阻器（负温度系数）
	单丝灯泡	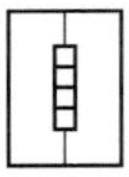	加热元件
	发光二极管（LED）	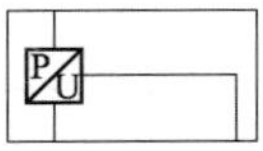	压力传感器
	二极管	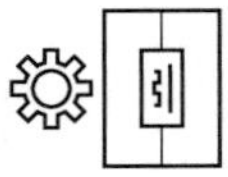	感应型传感器-2 线
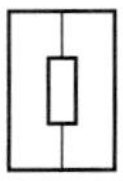	电阻器	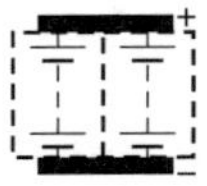	蓄电池总成

续上表

符　号	含　义	符　号	含　义
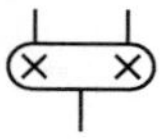	双丝灯泡	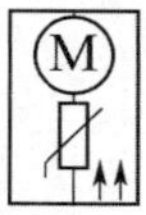	正温度系数电动机
	光电传感器	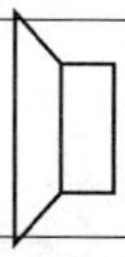	扬声器
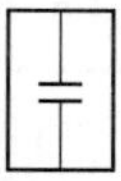	电容器	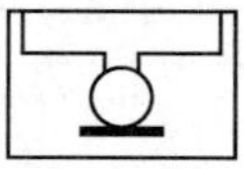	麦克风
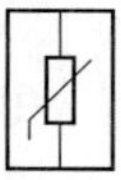	可变电阻器		安全气囊系统线圈
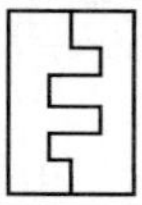	易断裂导线	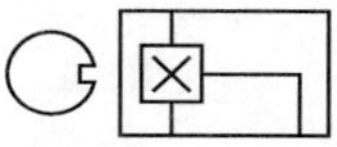	霍尔效应传感器-3 线
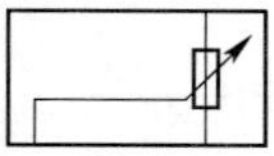	位置传感器	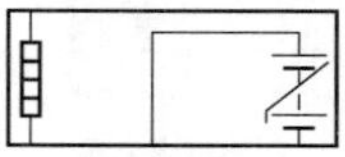	加热型氧传感器－4 线
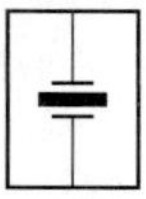	爆震传感器	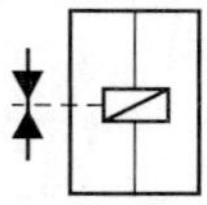	电磁阀
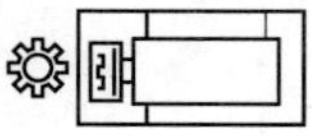	感应型传感器-3 线	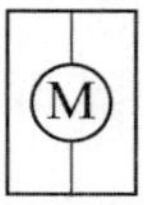	电动机
	霍尔效应传感器-2 线	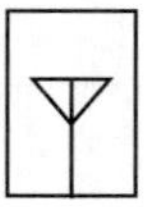	天线
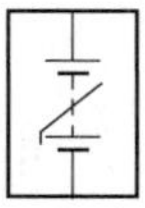	氧传感器-2 线	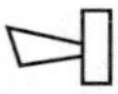	喇叭
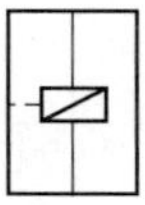	电磁阀—执行器	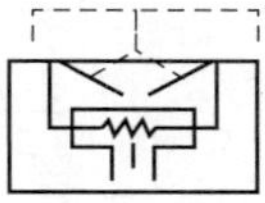	安全气囊
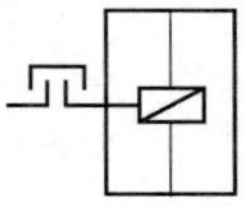	离合器	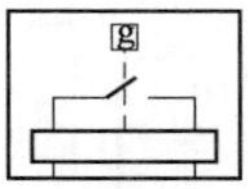	安全气囊系统碰撞传感器

课题五　吉利汽车电路图识读方法

一、电路图形符号

吉利汽车常用电路图符号及其含义见表3-19。

吉利汽车常用电路图符号及其含义　　　表3-19

电路图符号	含义	电路图符号	含义	电路图符号	含义
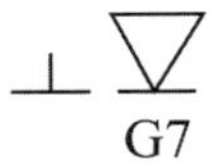	接地	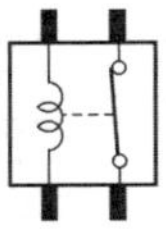	常闭继电器	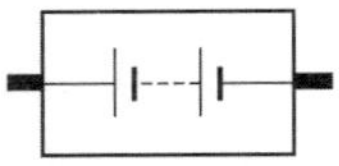	蓄电池
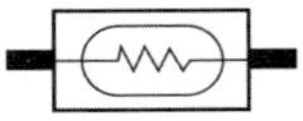	温度传感器	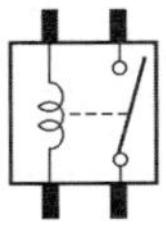	常开继电器	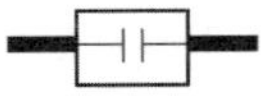	电容
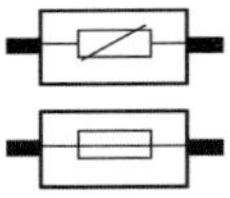	短接片	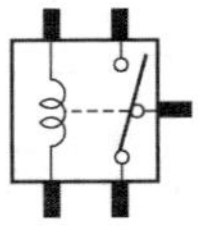	双掷继电器	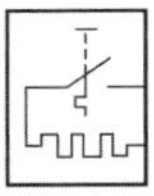	点烟器
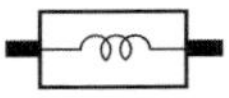	电磁阀	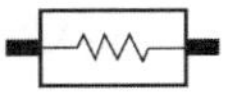	电阻		天线
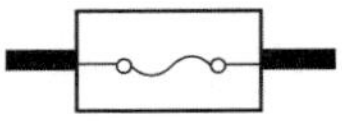	小负载熔断丝	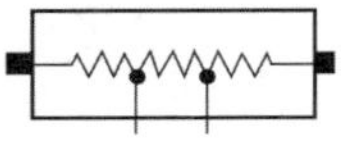	电位计	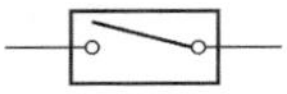	常开开关
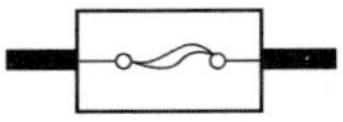	中负载熔断丝	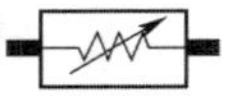	可变电阻器	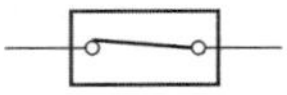	常闭开关
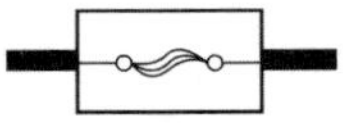	大负载熔断丝	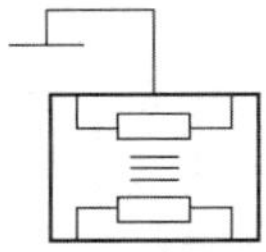	点火线圈	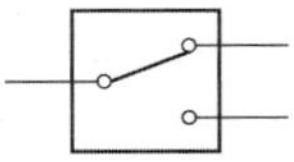	双掷开关
	加热器	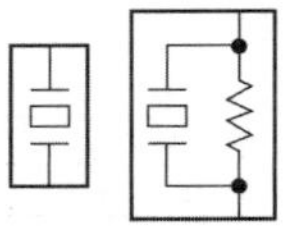	爆震传感器	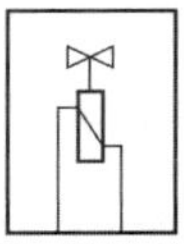	电磁阀

续上表

电路图符号	含义	电路图符号	含义	电路图符号	含义
	二极管		灯泡		双绞线
	光电二极管		线路走向	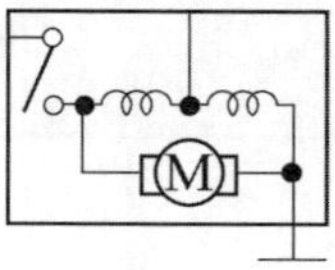	起动机
	发光二极管		喇叭	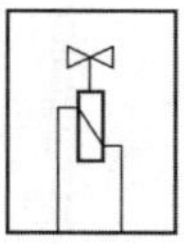	电磁阀
	电动机		时钟弹簧	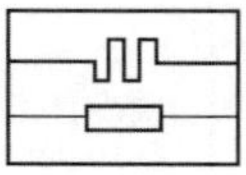	氧传感器
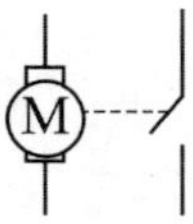	限位开关	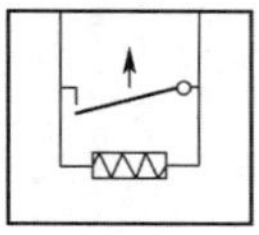	安全气囊	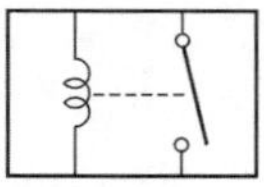	低速风扇继电器B
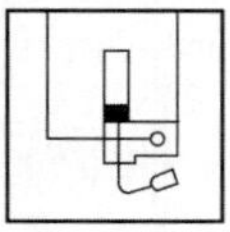	安全带预紧器	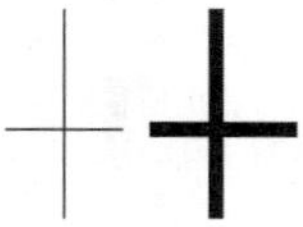	未连接交叉线路	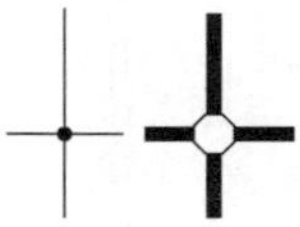	相连接交叉线路

二、电路图识读方法

如图 3-18 和图 3-19 所示,以吉利帝豪 EV450 纯电动汽车自动空调热交换控制为例,举例说明吉利汽车电路图的识读方法。

(1)电路图系统的名称。

(2)线束连接器编号。电路图的线束连接器编号规则以线束为基准,例如发动机舱线束中的发动机控制模块线束连接器编号为 CA08,其中 CA 为线束代码,08 为连接器序列号。各代码代表的线束含义见表 3-20。

自动空调热交换控制1-①

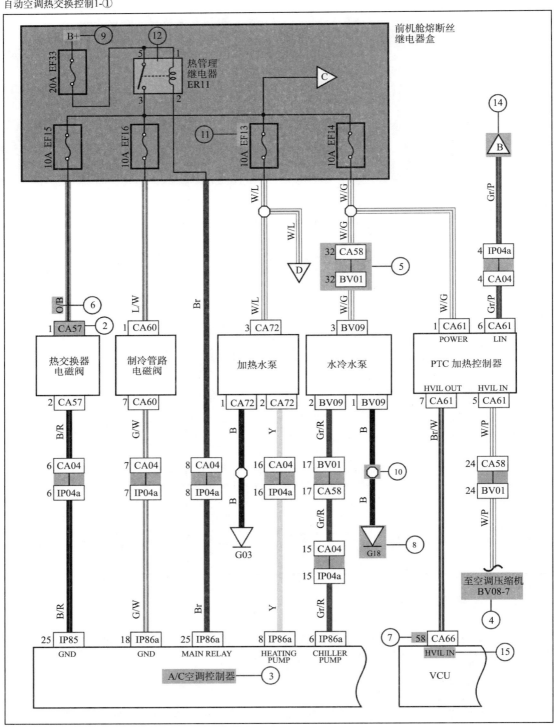

图3-18 吉利帝豪EV450纯电动汽车自动空调热交换控制（一）

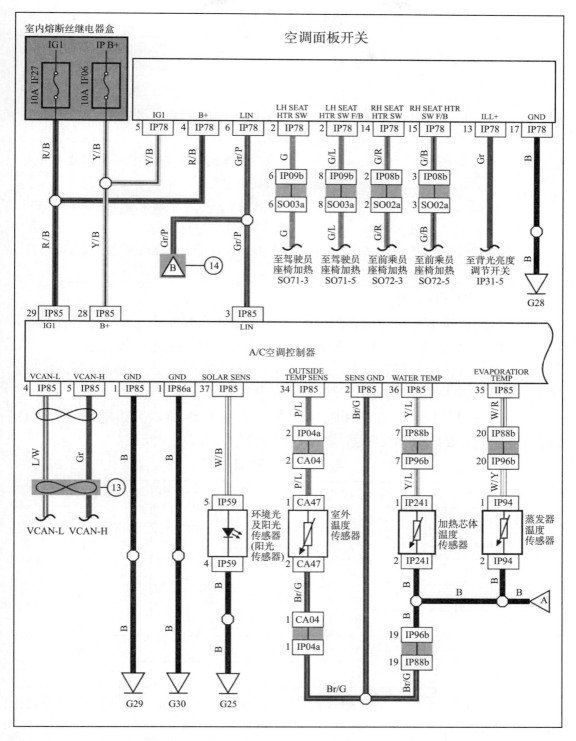

图 3-19　吉利帝豪 EV450 纯电动汽车自动空调热交换控制（二）

线束代码含义表　　　　　　　　　　　表3-20

代码	线束名称	备注
CA	发动机舱线束	①门线束定义包含四个车门线束； ②两厢车的后背门线束并入底板线束定义； ③三厢车的行李舱线束、后雾灯线束并入底板线束定义； ④HVAC总成自带线束定义为IPXX，并在线束布置图中进行标注； ⑤线束连接器编号详细参见线束布置图
BV	动力线束	
IP	仪表线束	
SO	地板线束	
DR	门线束	
RF	顶棚线束	

（3）电路图部件名称。

（4）电路连接信息。当电路图中的某一段线路不能在同一页面完整表达时，可以利用"波浪线"符号断开，并标注文字，说明被省略电路的连接信息。

（5）插头间连接采用细实线表示，并用灰色阴影覆盖，用于与物理线束进行区别。物理线束用粗实线表示，颜色与实际导线颜色一致。

（6）导线颜色代码。导线颜色代号含义见表3-21所示。如果导线为双色线，则第一个字母显示导线底色，第二个字母显示条纹色，中间用"/"分隔。

导线颜色一览表　　　　　　　　　　　表3-21

导线颜色	颜色代号	导线颜色	颜色代号
黑色	B	灰色	Gr
棕色	Br	蓝色	L
绿色	G	红色	R
黄色	Y	橙色	O
白色	W	紫色	V
粉色	P	浅绿色	Lg
浅蓝色	C	—	—

（7）接插件端子编号。互相接插的线束连接器端子编号顺序互为镜像，如图3-20所示。

（8）搭铁编号。以G开头的序列编号标识，搭铁点位置详细信息参见电路图手册搭铁点布置图。

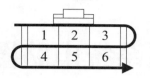 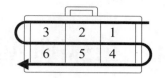

图 3-20　插头与插座编号规则

（9）给熔断丝供电的电源类型。例如 B + 表示由蓄电池提供的常电源，IG 表示由起动开关控制的工作电源。

（10）导线节点。如图 3-21 所示，未连接交叉线路和相连接交叉线路不同的表达方式。

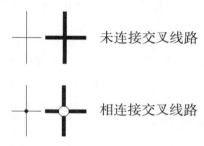

图 3-21　交叉线路表达方式

（11）熔断丝编号。熔断丝编号由熔断丝代码和序列号组成，位于发动机舱的熔断丝代码为 EF，室内熔断丝代码为 IF。熔断丝编号详细信息请查阅手册熔断丝列表。

（12）继电器编号。继电器编号同样由字母和数字组成。

（13）双绞线。当电路图中两根导线之间标示有类似"8"字图形符号，表示两根导线互为双绞线，主要用于传感器的信号线或数据通信线路。

（14）当一个系统内容较多，线路需要多页表示时，线路起点用图 3-22a）表示，线路到达点则用图 3-22b）表示，如一张图中有一条以上的线路转入下一页，则分别以 B、C 等字母表示，以此类推。

a）线路起始点　　b）线路到达点

图 3-22　线路断点连接示意图

（15）连接器端子名称。

单元四　车辆典型系统电路图识读

 发动机起动系统电路图识读

起动机一般都由起动继电器控制工作,起动继电器控制线圈受点火开关、挡位开关等控制,控制方式分为开关直接控制和控制单元控制。

一、北京现代悦动起动电路

悦动汽车起动电路由蓄电池、起动机、起动继电器、点火开关、防盗继电器、变速器挡位开关、熔断丝和导线等组成。

该起动电路将配备手动变速器或自动变速器、未配备防盗系统或配备防盗系统的控制方式合画在一个电路图中,如图4-1所示,技术人员需根据车辆的不同配置选择性识读。

悦动汽车起动电路工作情况分析如下。

起动机小齿轮工作需满足:

起动继电器开关闭合,使蓄电池给起动机的吸合线圈和保持线圈供电,起动机机械运动促使内部电磁开关闭合,蓄电池同时给电机供电,起动机旋转工作。

起动机继电器工作需满足:

(1) 点火开关置于"起动"位置。

(2) 如车辆配备防盗控制系统,则防盗继电器处于不工作状态,即电路图所示状态。如车辆未配备防盗控制系统,则选读"未配备防盗系统"线路。

(3) 如车辆配备自动变速器,则变速器挡位开关置于"P"或"N"位置。如车辆配置手动变速器,则选读"M/T"线路。

以配备自动变速器,但未配备防盗系统的起动电路为例,其工作过程如下:

蓄电池→IGN.2易熔丝→点火开关→起动熔断丝10A→未配备防盗系统→A/T→变速器挡位开关→起动继电器控制线圈→搭铁点GE11。

单元四 车辆典型系统电路图识读

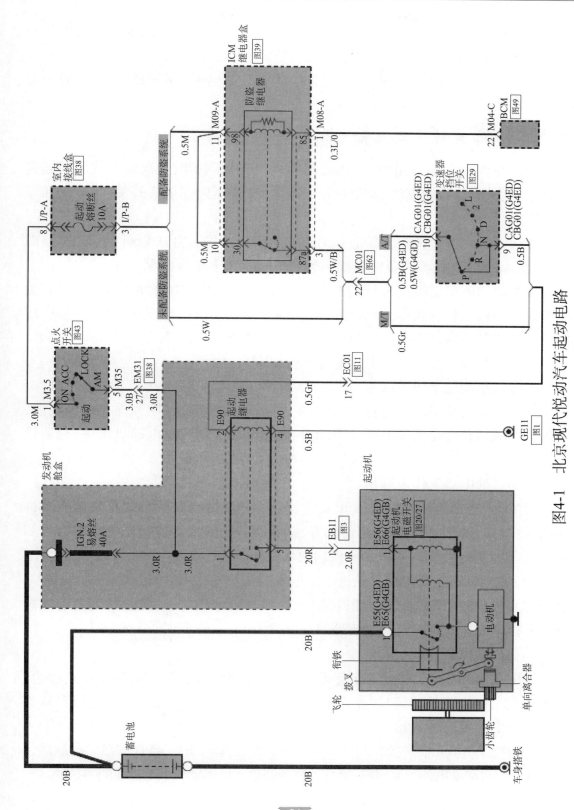

图4-1 北京现代悦动汽车起动电路

起动继电器线圈供电,产生磁场吸合继电器开关。蓄电池→IGN.2易熔丝→起动继电器负载开关→起动机吸合/保持线圈→搭铁。

小齿轮与飞轮啮合,起动机电磁开关闭合。蓄电池→起动机电磁开关→电动机→搭铁。

二、雪佛兰科鲁兹起动电路

科鲁兹汽车起动电路由蓄电池、起动机、起动继电器、点火开关或无钥匙进入控制模块、车身控制模块、发动机控制模块、变速器内部模式开关、熔断丝和导线等组成。

该起动电路将配备钥匙起动和无钥匙起动两种控制方式合画在一个电路图中,如图4-2所示,技术人员需根据车辆的不同配置选择性识读。

该车起动电路已经由传统的开关控制电路改进为控制单元控制,即所有关于影响起动机工作的条件,以信号的形式输入至发动机控制模块K20,发动机控制模块计算判断后输出电压控制起动继电器线圈的通电与断电。

雪佛兰科鲁兹起动电路工作情况分析如下。

起动机小齿轮工作需满足:

起动继电器开关闭合,使蓄电池B+给起动机的吸合线圈和保持线圈供电,起动机机械运动促使内部电磁开关闭合,蓄电池B+同时给电动机供电,起动机旋转工作。

起动机继电器工作需满足:

(1)车身控制模块得到点火开关的"起动"信号并通过通信线路送至发动机控制模块,如车辆采用无钥匙起动配置,则车身控制模块得到行车制动器信号和按钮"起动"信号并发送至发动机控制模块。

(2)发动机控制模块得到点火主继电器电压信号。

(3)发动机得到离合器位置开关信号,如车辆采用自动变速器,则发动机控制单元得到变速器内部式开关信号。

(4)防盗控制等其他信号。

以配备自动变速器,但未配备无钥匙起动的起动电路为例,其工作过程为:点火开关三挡位置起动信号/点火主继电器电压信号/变速器P、N位置信号/其他信号→发动机控制单元。

发动机控制单元根据接收的信号判断是否满足起动条件,条件满足后控制输出工作电压至起动继电器控制线圈,即发动机控制单元→起动机继电器线圈→搭铁。

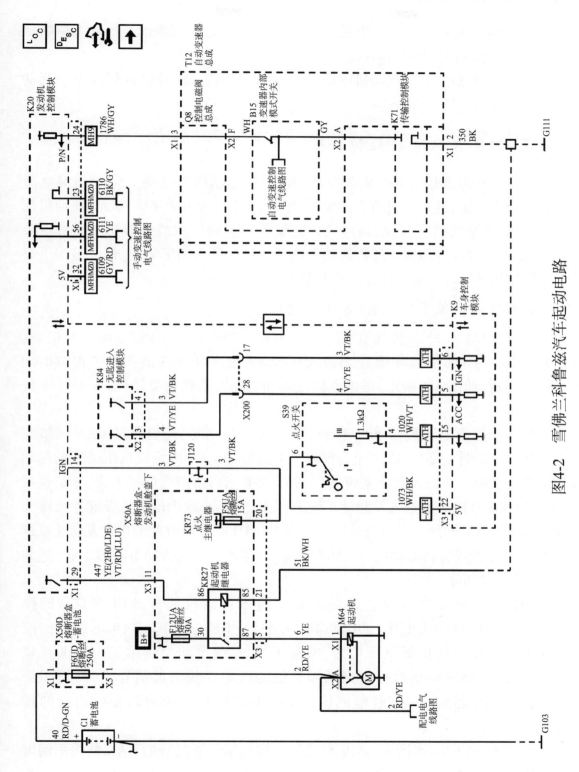

图4-2 雪佛兰科鲁兹汽车起动电路

起动继电器线圈供电,产生磁场吸合继电器开关,即蓄电池→F12UA 熔断丝→起动机吸合/保持线圈→搭铁。

小齿轮与飞轮啮合,起动机电磁开关闭合,即蓄电池→F6UD 熔断丝→起动机电磁开关→电机→搭铁。

三、一汽大众迈腾起动电路

一汽大众迈腾起动电路由蓄电池、起动机、起动机继电器 1、起动机继电器 2、起动装置按钮、进入及起动系统接口、组合仪表、车载电网控制单元、发动机控制单元、数据总线诊断接口、转向柱锁止装置、选挡杆、双离合器变速器机电装置、熔断丝和导线等组成。迈腾起动系统工作过程分为两部分,一部分是按下起动装置按钮 E378,一部分是起动机工作条件电路。

1. 按下起动装置按钮 E378 工作过程

按下 E378 起动装置按钮后,元件内部 E378/T6as/3-E378/T6as/4 接通,E378/T6as/6-E378/T6as/4 接通,将进入及起动系统接口 J965 的 T40/7 和 T40/19 与搭铁导通,如图 4-3 所示,搭铁点通过查阅电路图搭铁信息,可知在左侧 A 柱下部。

进入及起动系统接口 J965 接收到 0V 低电压信号,通过舒适 CAN 网络与 KX2 组合仪表进行通信,KX2 组合仪表再通过舒适 CAN 网络反馈给进入及起动系统接口 J965。进入及起动系统接口 J965 唤醒车内的四根低频天线,分别包括 R136 后保险杠内中的进入及起动系统天线、R137 行李舱内的进入及起动系统天线、R138 车内空间的进入及起动系统天线 1 和 R139 车内空间的进入及起动系统天线 2,低频天线发送低频的寻找钥匙信号,具体电路图请查阅电路图手册"进入及起动许可"部分。

如图 4-3 所示,进入及起动系统接口 J965 同时拉低与 J519 车载电网控制单元之间的唤醒线电压(J965/T40/26-J519/T73c/14)。J519 车载电网控制单元收到唤醒线拉低电压信号,唤醒 J519 车载电网控制单元内部的高频信号接收器,而车辆钥匙接收到低频天线的低频寻找钥匙信号后,反馈一个高频的钥匙信号,J519 车载电网控制单元的高频信号接收器接收钥匙的高频信号。

如图 4-4 和图 4-5 所示,J519 车载电网控制单元通过舒适 CAN 网络把钥匙信号传递给 KX2 组合仪表,KX2 组合仪表进行内部认证钥匙是否合法。

单元四 车辆典型系统电路图识读

编号8/2

起动装置按钮,车载电网控制单元,进入及起动系统
接口,熔断丝架C上的熔断丝19

- E₃₇₈ — 起动装置按钮
- J₅₉₁ — 车载电网控制单元
- J₉₆₅ — 进入及起动系统接口
- SC₁₉ — 熔断丝架C上的熔断丝19
- T6as — 6芯插头连接,黑色
- T40 — 40芯插头连接,灰色
- T73a — 73芯插头连接,黑色
- T73c — 73芯插头连接,黑色
- 44 — 左侧A柱下部的搭铁点
- 238 — 搭铁连接1,在车内导线束中
- 278 — 搭铁连接4,在车内导线束中
- 286 — 搭铁连接8,在车内导线束中
- 810 — 中部仪表板左侧中央管处的接地点
- * — 用于不带全景摄像头的车辆
- *2 — 用于带全景摄像头的车辆

电路图

ws = 白色
sw = 黑色
ro = 红色
br = 褐色
gn = 绿色
bl = 蓝色
gr = 灰色
li = 淡紫色
ge = 黄色
or = 橘黄色
rs = 粉红色

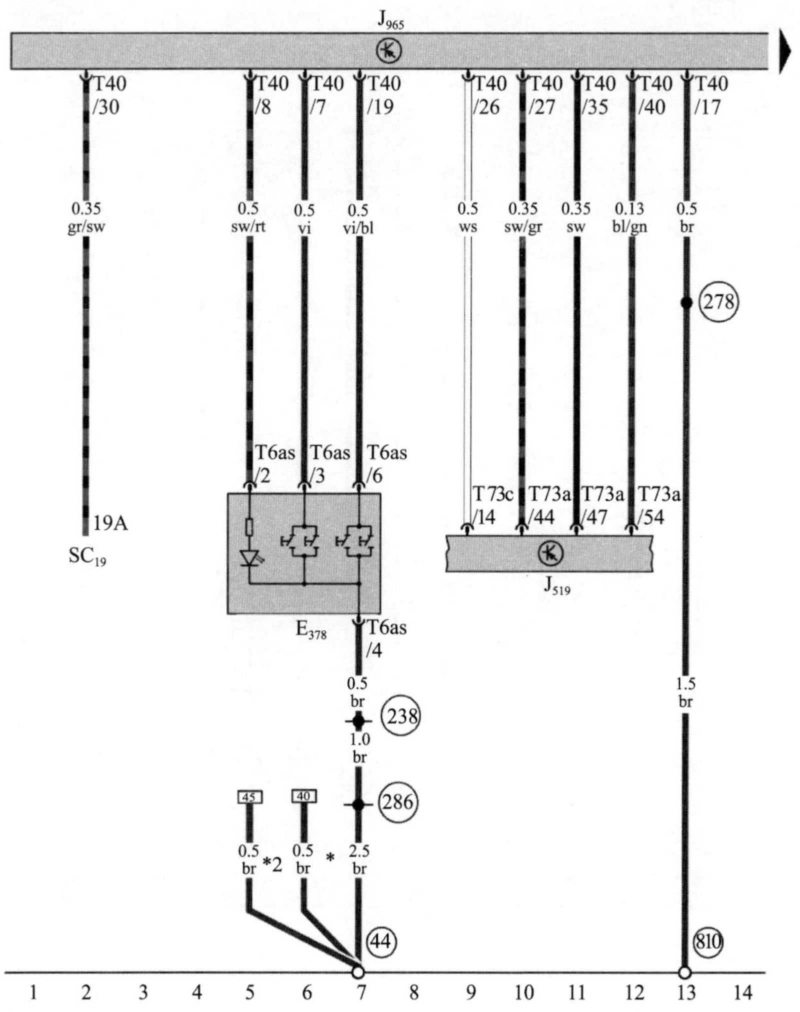

图4-3 起动装置按钮电路

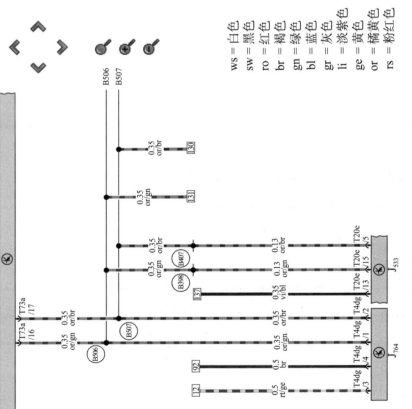

图4-4 车载网络（一）

单元四 车辆典型系统电路图识读

编号 1/16

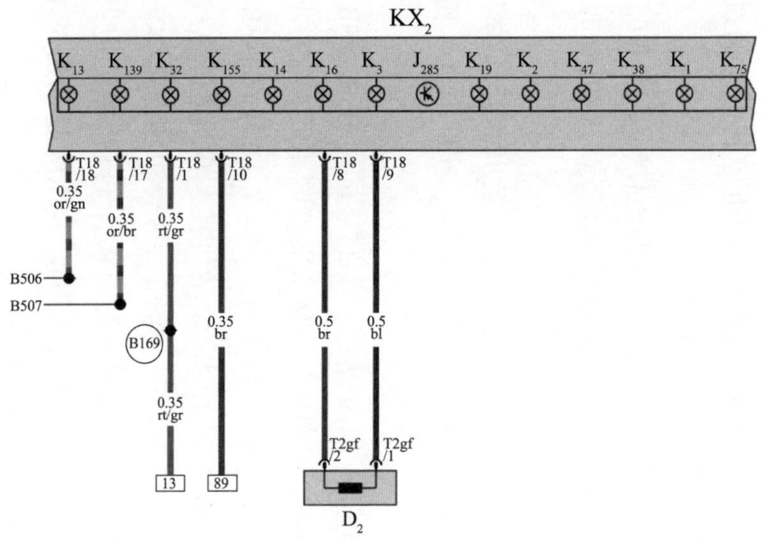

电路图

防盗锁止系统读出线圈，组合仪表中的控制单元，组合仪表
- D_2 - 防盗锁止系统读出线圈
- J_{285} - 组合仪表中的控制单元
- K_1 - 远光灯指示灯
- K_2 - 发电机指示灯
- KX_2 - 组合仪表
- K_3 - 机油压力指示灯
- K_{13} - 后雾灯指示灯
- K_{14} - 手制动器指示灯
- K_{16} - 燃油表指示灯
- K_{19} - 安全带警告指示灯
- K_{32} - 制动器摩擦片指示灯
- K_{38} - 机油油位指示灯
- K_{47} - ABS指示灯
- K_{75} - 安全气囊指示灯
- K_{139} - 驻车制动器指示灯
- K_{155} - 电子车稳定程和ASR指示灯
- $T2gf$ - 2芯插头连接，黑色
- $T18$ - 18芯插头连接，黑色
- B169 - 正极连接1(30)，在车内导线束中
- B506 - 连接（舒适CAN, High），在车内导线束中
- B507 - 连接（舒适CAN, Low），在车内导线束中

- ws = 白色
- sw = 黑色
- ro = 红色
- br = 褐色
- gn = 绿色
- bl = 蓝色
- gr = 灰色
- li = 淡紫色
- ge = 黄色
- or = 橘黄色
- rs = 粉红色

迈腾 B8L

197 198 199 200 201 202 203 204 205 206 207 208 209 210

图4-5 车载网络（二）

认证通过后，通过舒适CAN解锁J764转向柱锁止装置，如图4-4所示，然后组合仪表KX2的认证合法信号和J764转向柱锁止装置的解锁信号通过舒适CAN传递给进入及起动系统接口J965。进入及起动系统接口J965收到以上信号后，如图4-3所示，通过两路线路J519/73a/44-J965/T40/27和J519/73a/47-J965/T40/35向车载电网控制单元J519传递"认证通过"信号，并通过J965/T40/17-J519/T73a/54向车载电网控制单元J519传递钥匙插入S信号。这三路信号互为冗余线，任意两根正常即可。

车载电网控制单元J519收到三个信号之后，通过J519/T73a/14激活动力模块的工作电源，如图4-6所示；通过J519/T73a/13控制接线端15控制继电器工作，如图4-7和图4-8所示。

2. 迈腾起动系统工作原理

J519车载电网控制单元通过J519/T73a/14发出15火，J623发动机控制单元、E313选挡杆和J743双离合器变速器机电装置接收到15火；在保证J623发动机控制单元、J743双离合器变速器机电装置、E313选挡杆、J533数据总线诊断接口等模块及其电源，以及驱动CAN网络通信都是正常的情况下，如图4-9所示，当踩下F制动踏板，F制动的T4gk/1和T4gk/3通过J623/T91/60和J623/T91/37传递F制动的踩下信号给J623发动机控制单元。J623发动机控制单元通过T91/62-J743/T16m/2的电压确定P/N挡位信号线是否正常。

如图4-10所示，按下起动装置按钮E378，进入及起动系统接口J965通过T17c/k桥接的10号针向J623发动机控制单元传递起动请求信号（J965/T40/15-J623/T91/68）。

J623发动机控制单元接收到进入及起动系统接口J965发出的起动请求信号后，控制J906起动机继电器1和J907起动机继电器2工作，如图4-11～图4-13所示。

J906起动机继电器1线圈控制电路：SC49熔断丝→17c/6→17k/6→SB/71→J906起动机继电器1线圈→SB/72→J623/T91/87（发动机控制单元控制搭铁）。

J907起动机继电器2线圈控制电路：SC49熔断丝→17c/6→17k/6→SB/82→J907起动机继电器2线圈→SB/81→J623/T91/88（发动机控制单元控制搭铁）。

继电器开关电源由分由蓄电池正极508通过熔断丝SA1提供，具体电路请查阅电路图手册"熔断丝配置"内容，两个起动继电器开关闭合后，控制电路路径为：蓄电池正极→熔断丝SA1→J906起动机继电器1开关→J907起动机继电器2开关→SB23→SB/23A→起动机B/A1→起动机B→搭铁。

单元四 车辆典型系统电路图识读

迈腾 B8L

编号 15/4

- E₃₁₃ — 选挡杆
- J₅₁₉ — 车载电网控制单元
- J₅₂₇ — 转向柱电子装置控制单元
- J₅₃₃ — 数据总线诊断接口
- J₅₈₇ — 换挡杆传感器控制单元
- SC₆ — 熔断丝架C上的熔断丝6
- T10ah — 10芯插头连接，黑色
- T14u — 14芯插头连接，黑色
- T20e — 20芯插头连接，红色
- T73e — 73芯插头连接
- T73c — 73芯插头连接，黑色
- 278 — 搭铁连接4，在车内导线束中
- 810 — 中部仪表板左侧中央管处的接地点
- A19 — 连接(58d)，在仪表板导线束中
- A192 — 连接3(15a)，在仪表板导线束中
- B383 — 连接1（驱动CAN总线，High），在主导线束中
- B390 — 连接1（驱动CAN总线，Low），在主导线束中

选挡杆，车载电网控制单元，转向柱电子装置控制单元，数据总线诊断接口，换挡杆传感器控制单元

电路图

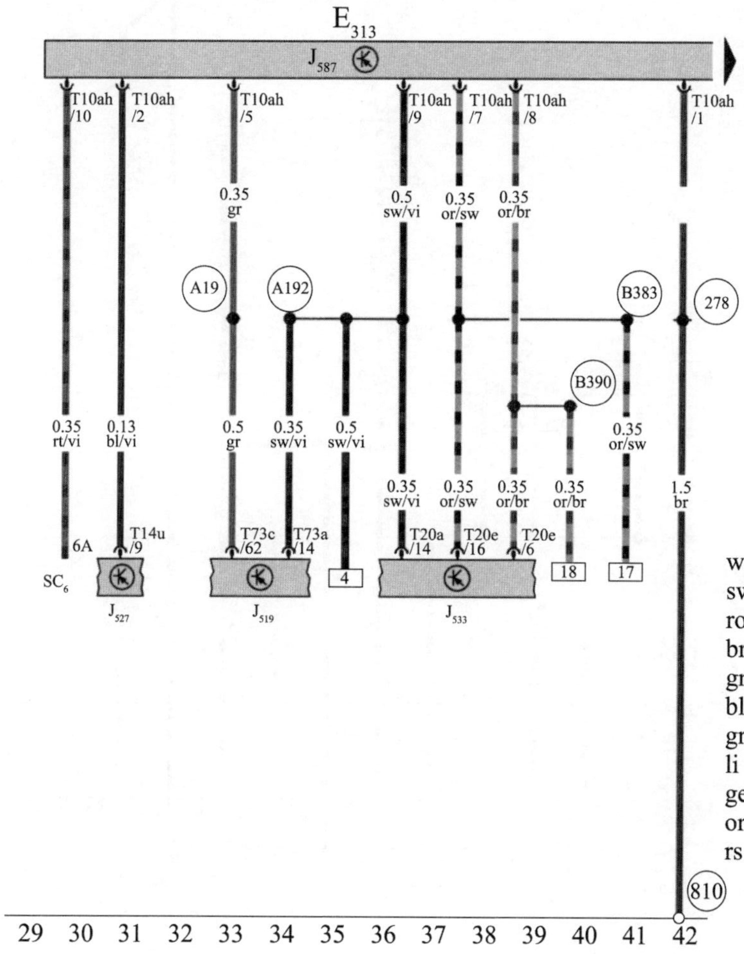

ws = 白色
sw = 黑色
ro = 红色
br = 褐色
gn = 绿色
bl = 蓝色
gr = 灰色
li = 淡紫色
ge = 黄色
or = 橘黄色
rs = 粉红色

图4-6 动力模块电源电路

迈腾 B8L

编号 4/26

接线端15供电继电器，插座继电器，熔断丝架C，USB充电插座1

- J_{329} — 接线端15供电继电器
- J_{807} — 插座继电器
- SC — 熔断丝架C
- SC_{40} — 熔断丝架C上的熔断丝40
- T3cn — 3芯插头连接
- T3dn — 3芯插头连接
- T3es — 3芯插头连接
- T4sg — 4芯插头连接
- T8ar — 8芯插头连接，黑色
- T8bx — 8芯插头连接，黑色
- Tl — 车内的连接位置
- U_1 — 点烟器
- U_5 — 12V插座
- U_{18} — 12V插座2
- U_{37} — USB充电插座1
- 44 — 左侧A柱下部的搭铁点
- 238 — 搭铁连接1，在车内导线束中
- 286 — 搭铁连接8，在车内导线束中
- A200 — 正极连接5(15a)，在仪表板导线束中
- B680 — 连接（插座），在车内导线束中
- *2 — 依汽车装备而定
- *3 — 出厂时由接线端15供电
- * — 中通过接线端30供电

电路图

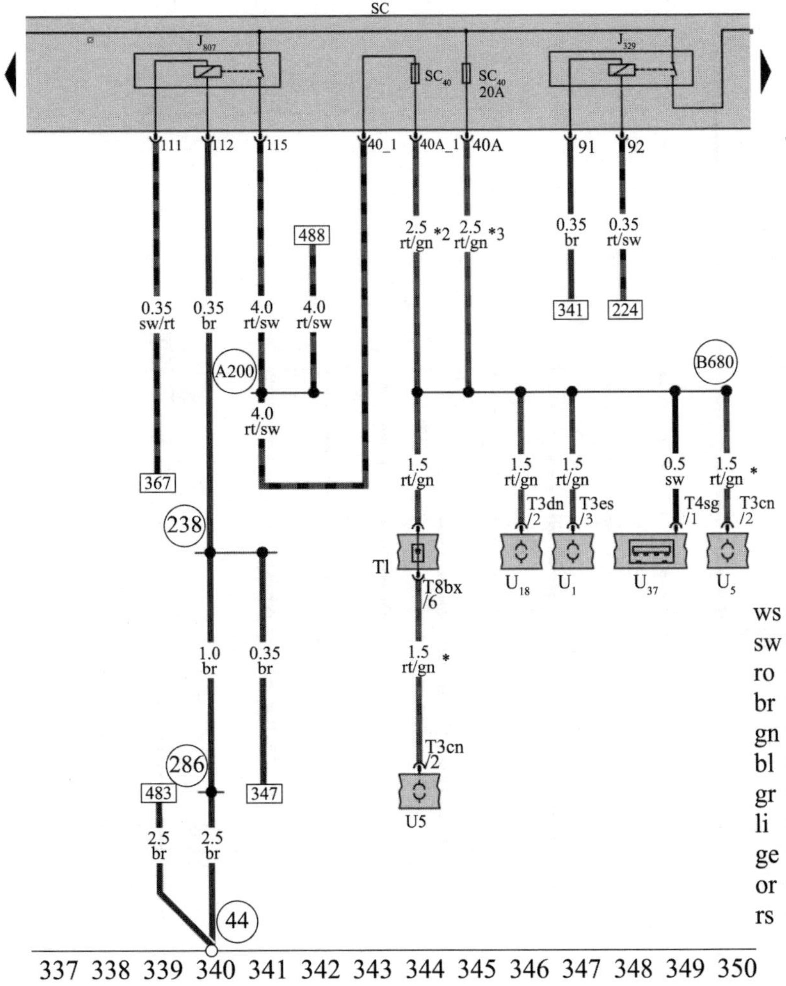

ws = 白色
sw = 黑色
ro = 红色
br = 褐色
gn = 绿色
bl = 蓝色
gr = 灰色
li = 淡紫色
ge = 黄色
or = 橘黄色
rs = 粉红色

图 4-7 15供继电器电路（一）

337 338 339 340 341 342 343 344 345 346 347 348 349 350

单元四 车辆典型系统电路图识读

编号 4/17

车载电网控制单元
J_{519} - 车载电网控制单元
J_{538} - 燃油泵控制单元
T5ax - 5芯插头连接
T17c - 17芯插头连接，蓝色
T17k - 17芯插头连接，蓝色
T46b - 46芯插头连接，黑色
T73a - 73芯插头连接，黑色
T73c - 73芯插头连接，黑色
TIUL - 车内的下部左侧连接位置
* - 截至2017年8月
*2 - 车内积视设备而定
*3 - 自2017年8月起

电路图

ws = 白色
sw = 黑色
ro = 红色
br = 褐色
gn = 绿色
bl = 蓝色
gr = 灰色
li = 淡紫色
ge = 黄色
or = 橘黄色
rs = 粉红色

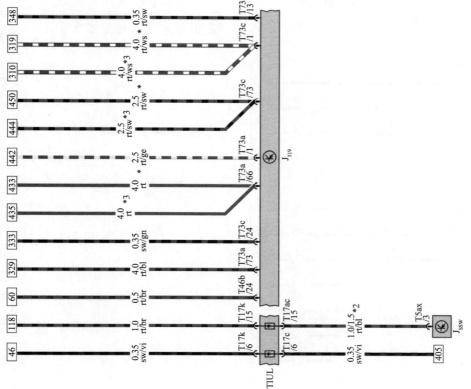

图 4-8 15供电继电器电路（二）

编号 55/17

制动信号灯开关，ABS控制单元，发动机控制单元，双离合器变速器机电装置

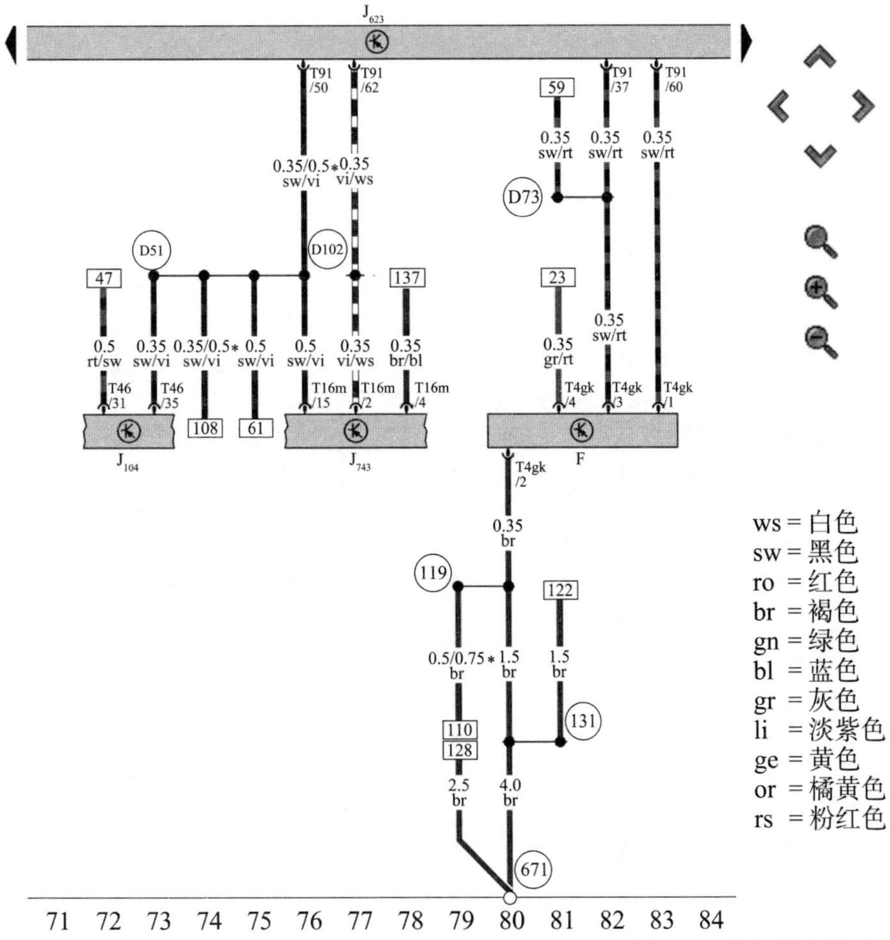

F — 制动信号灯开关
J₁₀₄ — ABS控制单元
J₆₂₃ — 发动机控制单元
J₇₄₃ — 双离合器变速器机电装置
T4gk — 4芯插头连接，黑色
T16m — 16芯插头连接，黑色
T46 — 46芯插头连接，黑色
T91 — 91芯插头连接，黑色
119 — 接地连接1，在前照灯导线束中
131 — 接地连接2，在发动机舱导线束中
671 — 左前纵梁上的搭铁点1
D51 — 正极连接1(15)，在发动机舱导线束中
D73 — 正极连接(54)，在发动机舱导线束中
D102 — 连接2，在发动机舱导线束中
＊ — 截面积视装备而定

电路图

ws = 白色
sw = 黑色
ro = 红色
br = 褐色
gn = 绿色
bl = 蓝色
gr = 灰色
li = 淡紫色
ge = 黄色
or = 橘黄色
rs = 粉红色

迈腾 B8L

图4-9 制动踏板电路

单元四 车辆典型系统电路图识读

迈腾 B8L

编号 8/3

电路图

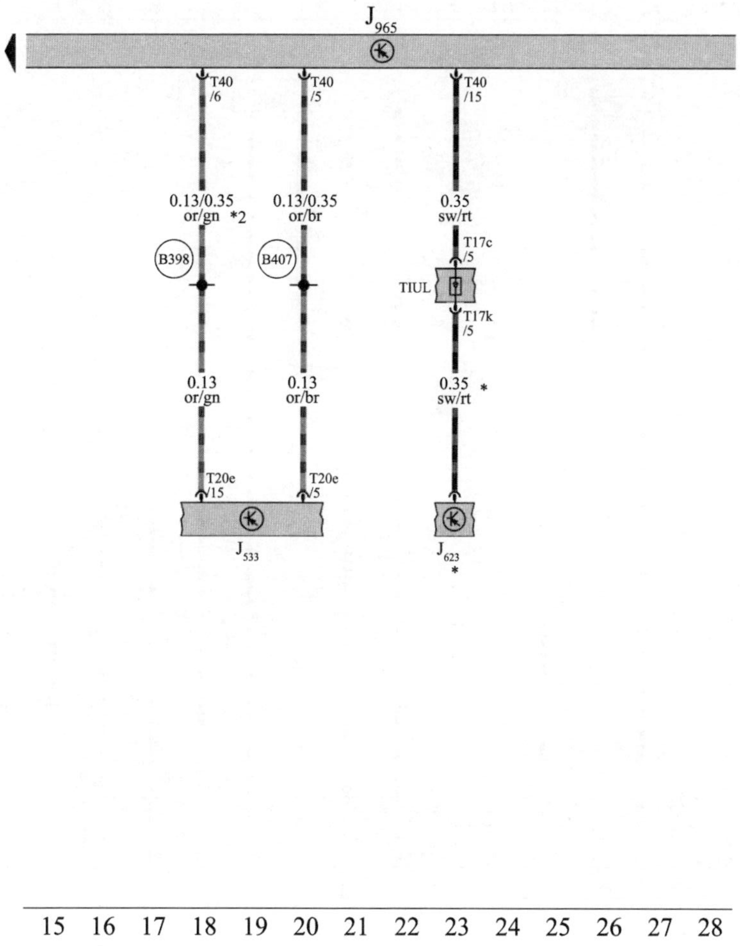

数据总线诊断接口，发动机控制单元，进入及起动系统接口

- J_{533} - 数据总线诊断接口
- J_{623} - 发动机控制单元
- J_{965} - 进入及起动系统接口
- T17c - 17芯插头连接，蓝色
- T17k - 17芯插头连接，蓝色
- T20e - 20芯插头连接，红色
- T40 - 40芯插头连接，灰色
- TIUL - 车内的下部左侧连接位置
- B398 - 连接2（舒适CAN总线，High），在主导线束中
- B407 - 连接2（舒适CAN总线，Low），在主导线束中
- * - 见发动机所适用的电路图
- *2 - 截面积视装备而定

ws = 白色
sw = 黑色
ro = 红色
br = 褐色
gn = 绿色
bl = 蓝色
gr = 灰色
li = 淡紫色
ge = 橘黄色
or = 橘黄色
rs = 粉红色

图4-10 起动请求信号电路

15 16 17 18 19 20 21 22 23 24 25 26 27 28

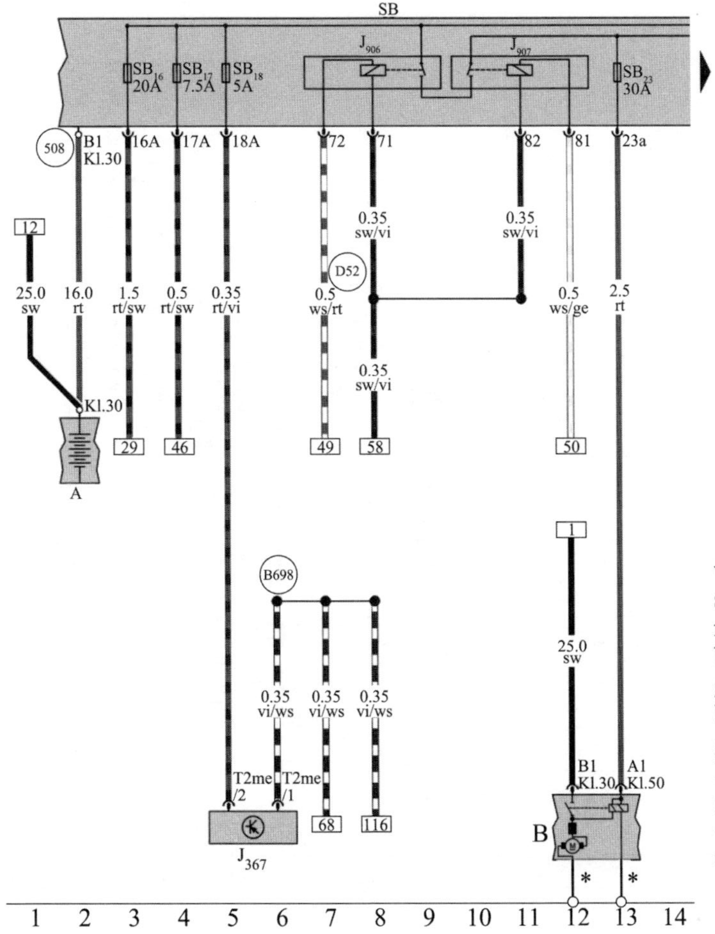

蓄电池，起动机，蓄电池监控控制单元，起动机继电器1，编号55/2
起动机继电器2，熔丝架B

A — 蓄电池
B — 起动机
J_{367} — 蓄电池监控控制单元
J_{906} — 起动机继电器1
J_{907} — 起动机继电器2
SB — 熔断丝架B
SB_{16} — 熔断丝架B上的熔断丝16
SB_{17} — 熔断丝架B上的熔断丝17
SB_{18} — 熔断丝架B上的熔断丝18
SB_{23} — 熔断丝架B上的熔断丝23
T2me — 2芯插头连接，黑色
508 — 螺栓连接(30)，在电控箱上
b698 — 连接3（LIN总线），在主导线束中
D52 — 正极连接(15a)，在发动机舱导线束中
* — 通过外壳搭铁

电路图

ws = 白色
sw = 黑色
ro = 红色
br = 褐色
gn = 绿色
bl = 蓝色
gr = 灰色
li = 淡紫色
ge = 黄色
or = 橘黄色
rs = 粉红色

迈腾 B8L

图 4-11 起动电路（一）

单元四　车辆典型系统电路图识读

编号 55/5

转向柱电子装置控制单元，发动机控制单元，散热器风扇

电路图

J_{527} - 转向柱电子装置控制单元
J_{623} - 发动机控制单元
T4gl - 4芯插头连接，黑色
T16g - 16芯插头连接，黑色
T17c - 17芯插头连接，蓝色
T17k - 17芯插头连接，黑色
T91 - 91芯插头连接，黑色
T1UL - 车内的下部左侧连接位置
VX57 - 散热器风扇
138 - 搭铁连接（控制单元），在Motronic导线束中
193 - 搭铁连接1，在散热器风扇导线束中
673 - 左前纵梁上的接地点3
B660 - 连接（接线端50诊断），在主导线束中
D78 - 正极连接(30a)，在发动机舱导线束中
E7 - 连接(87a)，在Motronic导线束中
* - 见预先布线的电路图
*2 - 已预先布线的部件
*3 - 用于带定速巡航装置的汽车

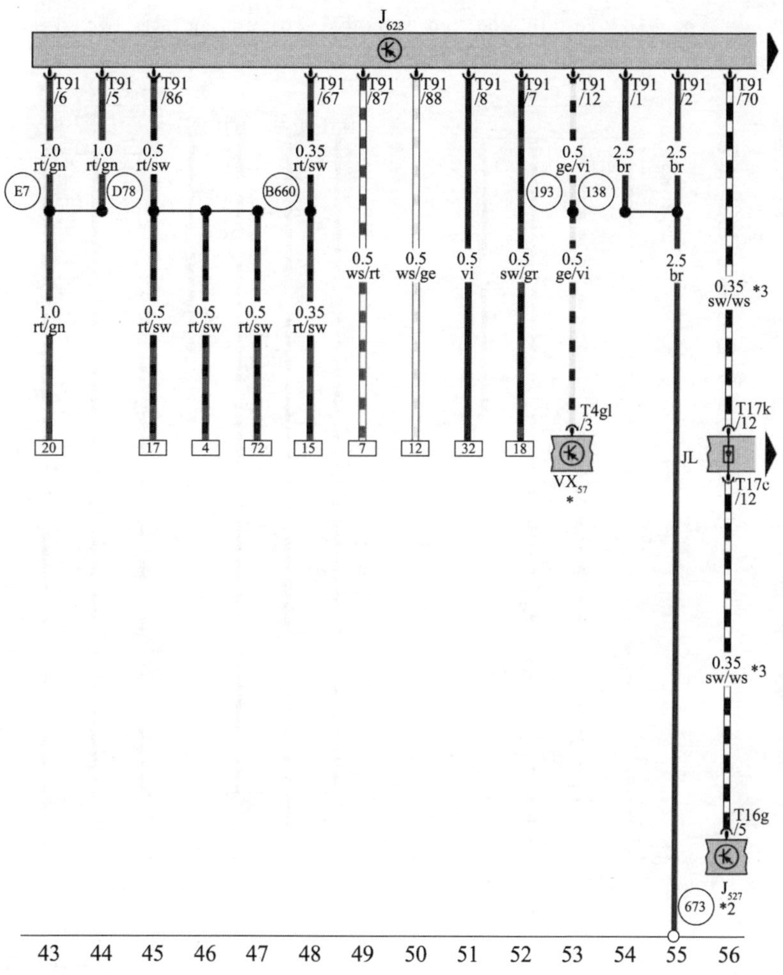

ws = 白色
sw = 黑色
ro = 红色
br = 褐色
gn = 绿色
bl = 蓝色
gr = 灰色
li = 淡紫色
ge = 黄色
or = 橘黄色
rs = 粉红色

迈腾 B8L

图 4-12　起动电路（二）

编号 55/6

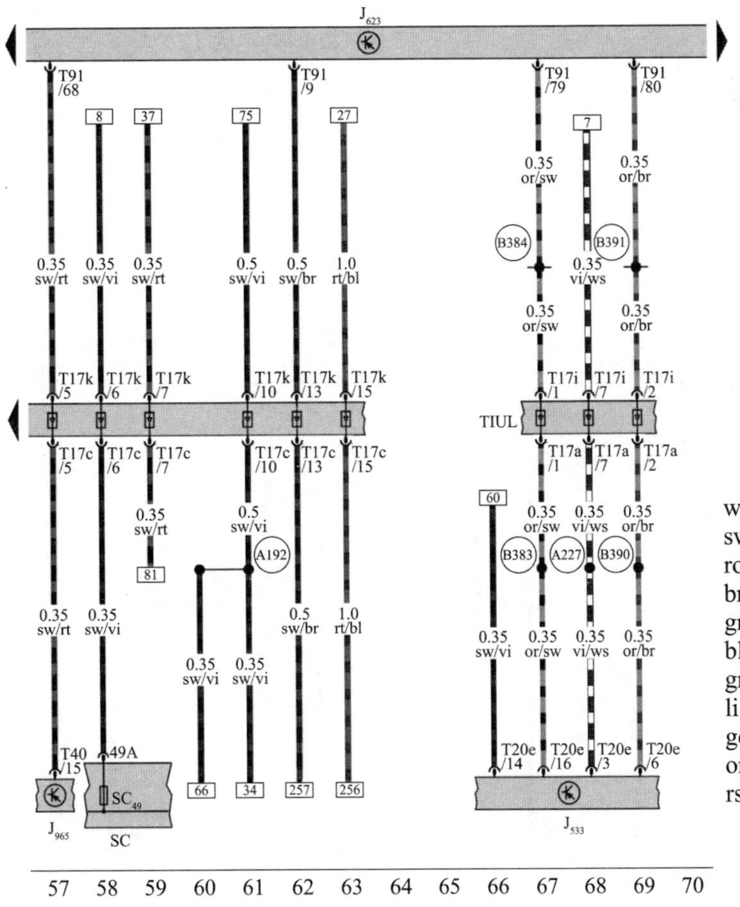

数据总线诊断接口，发动机控制单元，进入及起动系统接口，熔断丝架C

电路图

J_{533}	- 数据总线诊断接口
J_{623}	- 发动机控制单元
J_{965}	- 进入及起动系统接口
SC	- 熔断丝架C
SC_{49}	- 熔断丝架C上的熔断丝49
T17a	- 17芯插头连接，棕色
T17c	- 17芯插头连接，蓝色
T17i	- 17芯插头连接，棕色
T17k	- 17芯插头连接，红色
T20e	- 17芯插头连接，蓝色
T40	- 17芯插头连接，灰色
T91	- 17芯插头连接，黑色
TIUL	- 车内的下部左侧连接位置
A192	- 正极连接3(15a)，在仪表板导线束中
A227	- 连接2（LIN总线），在仪表板导线束中
B383	- 连接1（驱动CAN总线，High），在主导线束中
B384	- 连接2（驱动CAN总线，High），在主导线束中
B390	- 连接1（驱动CAN总线，Low），在主导线束中
B391	- 连接2（驱动CAN总线，Low），在主导线束中

ws = 白色
sw = 黑色
ro = 红色
br = 褐色
gn = 绿色
bl = 蓝色
gr = 灰色
li = 淡紫色
ge = 黄色
or = 橘黄色
rs = 粉红色

迈腾 B8L

图4-13 起动电路（三）

当起动机吸拉线圈和保持线圈通电,电磁开关闭合,起动机转动工作,其电路为:蓄电池→起动机 B/B1→电磁开关→起动电动机→搭铁。

大众迈腾采用一键起动方式,无需利用机械钥匙控制起动电路,分析该类型的起动电路,需要搞清楚起动条件和起动的逻辑关系。由于起动过程涉及发动机、通信、转向机等多个系统,增加了识读电路的难度,但是只要耐心细致地多加分析,举一反三,同样可以快速对电路图进行识读分析。智能化是汽车技术重要发展方向之一,一键起动是汽车智能化的具体应用,提高相关电路图的识读能力,是完成诊断车辆故障任务的基础。

课题二　发动机控制系统电路图识读

发动机控制系统电路识读主要包括控制单元电源电路识读、传感器和执行器电路识读、信号通信传输电路识读等,其中信号通信传输电路一般在通信系统中查询识读。

一、雪佛兰科鲁兹发动机控制系统电路

雪佛兰科鲁兹发动机控制系统电路主要由控制单元、传感器和执行器、蓄电池、点火开关、继电器、熔断丝、连接器和导线等组成。

1. 控制单元电源电路

控制单元电源电路如图 4-2 和图 4-14 所示,识读内容主要包括控制单元常电源电路、点火开关控制电源电路和搭铁电路等。

控制单元电源电路工作情况分析如下。

发动机控制单元常电源电路:

如图 4-14,蓄电池 B+→F2UA 熔断丝→发动机控制模块 K20 中 X1 连接器的 12 号端子。

发动机控制单元搭铁电路:

如图 4-14,发动机控制模块 K20 中 X2 连接器的 73 号端子→G111 搭铁点。

点火开关控制电源电路:

如图 4-15,点火开关 ON 或 START 信号→车身控制模块 K9,经计算判断后控制输出→点火主继电器 KR73 控制线圈→G101 搭铁点,继电器负载开关闭合。

蓄电池 B+→点火主继电器 KR73 负载开关→F5UA 熔断丝→发动机控制模

块 K20 中 X1 连接器的 14 号端子(图 4-14)。

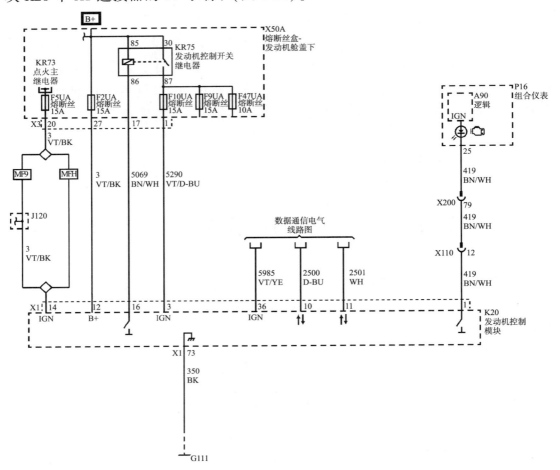

图 4-14 雪佛兰科鲁兹发动机控制单元电源电路(一)

2. 传感器/执行器电路

如图 4-16 所示,传感器和执行器电路的识读要读懂它们与熔断丝、继电器、开关、连接器、控制单元等的线路连接关系,重点通过查阅电路图资料或维修手册,清楚传感器和执行器各导线的性质和连接状态,下面以质量空气流量传感器和歧管绝对压力传感器电路举例说明。

控制单元传感器电路工作情况分析如下。

质量控制流量传感器电路:

如图 4-16 所示,根据该车电路图符号所表示的含义可知,质量空气流量传感器的 4 号线是由 F47UA 熔断丝提供的 12V 蓄电池电源,2 号线为与车身搭铁的地线,5 号线是与发动机控制模块相连接的信号线。

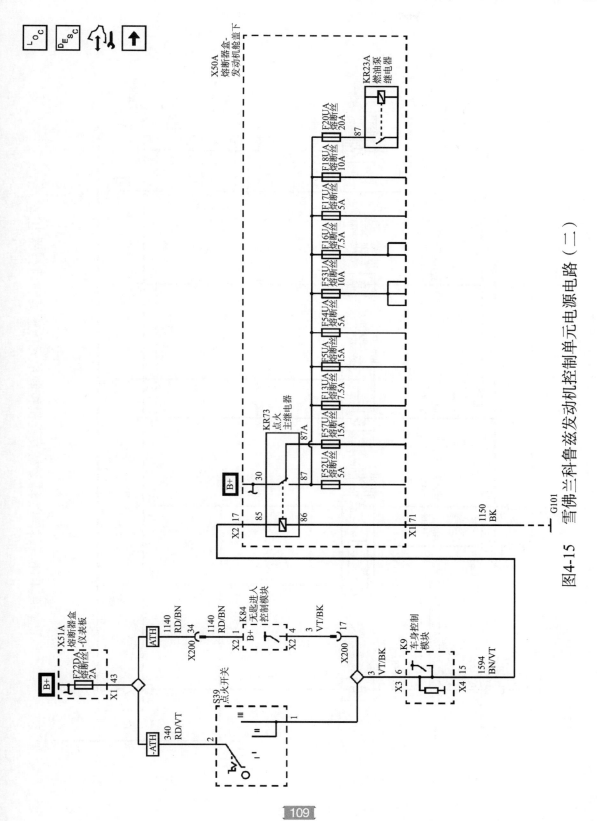

图4-15 雪佛兰科鲁兹发动机控制单元电源电路（二）

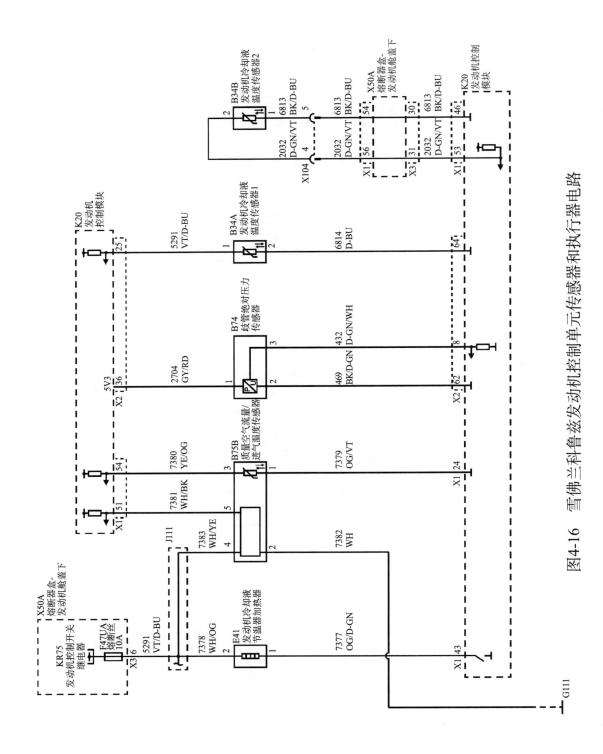

图4-16 雪佛兰科鲁兹发动机控制单元传感器和执行器电路

歧管绝对压力传感器电路：

如图4-16所示，根据该车电路图符号所表示的含义可知，1号线是由发动机控制模块提供的5V电源线，2号线是通过发动机控制模块搭铁的地线，3号线是与发动机控制模块相连接的信号线。

二、大众途安发动机控制系统电路

所有发动机控制系统电路的组成基本相同，但由于各汽车厂商绘制电路图的方式不同，读图方法会有很大区别，下面以途安发动机控制系统电路举例说明。

1. 控制单元电源电路

控制单元电源电路如图4-17～图4-21所示，识读内容主要包括控制单元常电源电路、总线端15供电继电器控制电源电路、总线端30供电继电器控制电源电路和搭铁电路等。

2. 控制单元电源电路工作情况分析如下

发动机控制单元常电源电路：

由图4-17可知，线路a是与蓄电池正极直接相连接的常电源线路。

由图4-18可知，线路b通过J329与线路a直接相连接，为常电源电路。

所以，结合图4-20，发动机控制单元常电源电路为蓄电池→线路a→线路b→SB26熔断丝→发动机控制单元J220中T80连接器的15号端子。

发动机控制单元搭铁电路：

如图4-20所示，发动机控制单元J220中T80连接器的28号端子→607搭铁点。

总线端15供电继电器控制电源电路：

当总线端15供电继电器满足工作条件时，车载网络控制单元J519输出工作电压→T40/15→3/86→继电器线圈→4/85→T40/6→655搭铁点，继电器负载开关闭合。

蓄电池→线路a→1/30→负载开关→2/87→线路c→SB40熔断丝→T40/19→SC26熔断丝（图4-20）→T12b/1连接器→发动机控制单元J220中T80连接器的4号端子。

总线端30供电继电器控制电源电路：

当总线端30供电继电器满足工作条件时，发动机控制单元J220控制继电器线圈搭铁(图4-21),该继电器线圈工作过程为蓄电池→线路a→线路b→SB26熔断丝→T26/7(图4-19)→3/86→继电器线圈→4/85→T26/4→发动机控制单元J220中T80连接器的9端子,控制搭铁,继电器负载开关闭合。

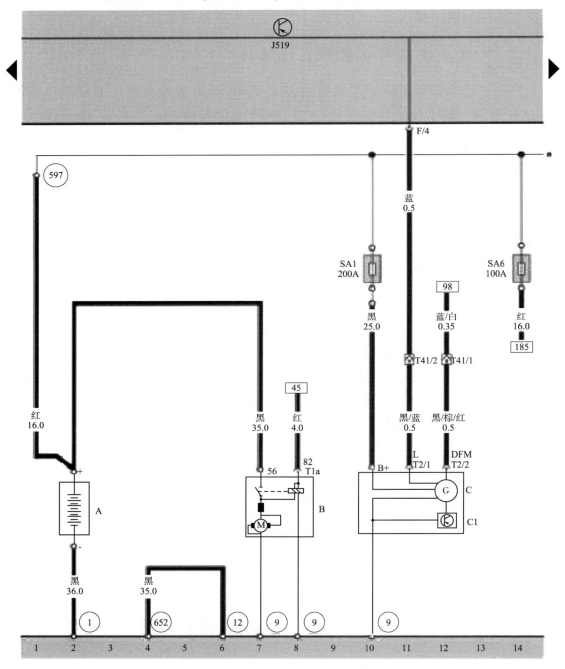

图4-17　大众途安发动机控制单元电源电路(一)

蓄电池→线路 a→线路 b→1/30→继电器负载开关→2/87→SB11 熔断丝→线路 d→发动机控制单元 J220 中 T80 连接器的 27 端子。

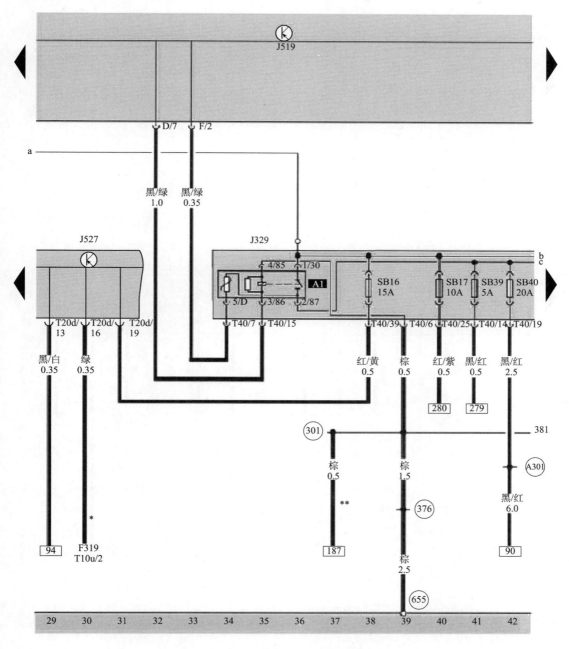

图 4-18 大众途安发动机控制单元电源电路（二）

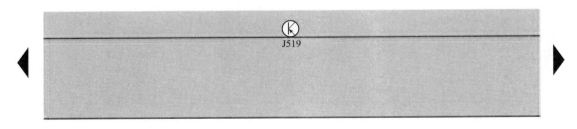

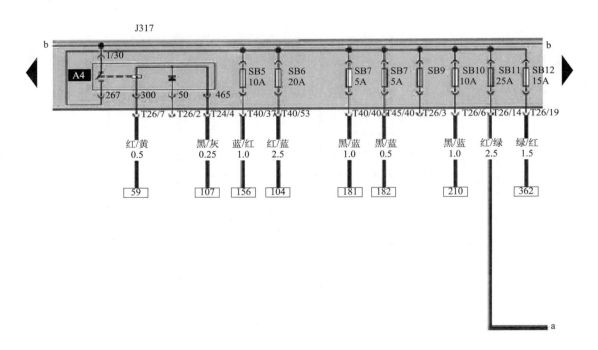

图 4-19　大众途安发动机控制单元电源电路(三)

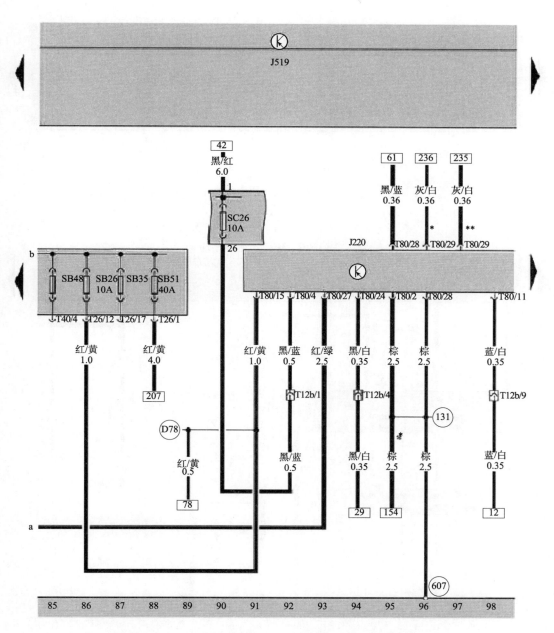

图 4-20 大众途安发动机控制单元电源电路(四)

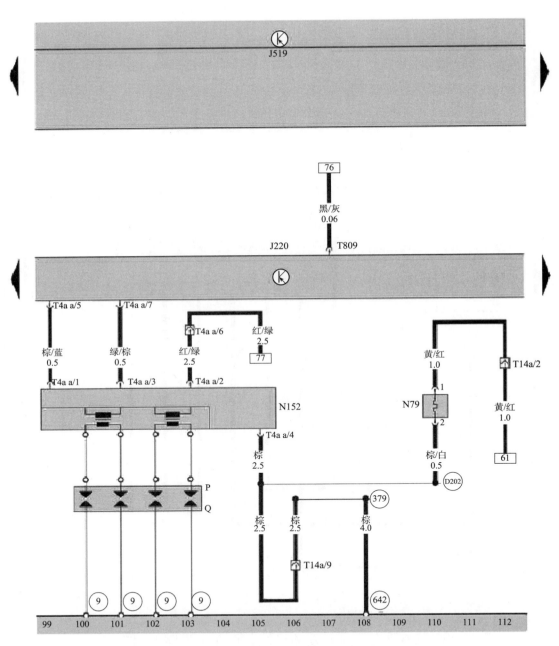

图 4-21 大众途安发动机控制单元电源电路(五)

单元四 车辆典型系统电路图识读

 车窗升降系统电路图识读

车窗升降系统根据控制方式不同,可以分为传统开关控制和控制单元控制,因此,其电路图的识读方法也有所不同。不管采用哪种控制方式,在电路识读前必须熟悉车窗升降的各种功能和各开关的控制过程。

一、丰田卡罗拉车窗升降系统电路

丰田卡罗拉车窗升降系统主要采用传统开关控制方式,其由车窗电动机、车窗开关、车窗控制单元(主要负责控制驾驶员侧车窗)、熔断丝及易熔丝、导线、连接器、车窗玻璃、传动机构等组成。

车窗升降系统电路工作情况分析如下。

汽车车窗玻璃的升降是通过改变车窗电动机的电流方向实现的,所以车窗电动机连接器的两个针脚"正负极"状态是随着开关控制交替变化的,当一端针脚为正极时,另一端针脚必定为负极,而当需要改变车窗运动方向时,原来的正极端变为负极,原来的负极端则变成正极,从而改变经过车窗电动机的电流方向。车窗控制电路电源如图4-22所示。

卡罗拉左前车窗由一个控制单元(ECU)进行控制,它通过接收车窗开关信号,经处理判断后对车窗电动机发出控制指令,实现车窗"手控上升""手控下降""一键自动上升""一键自动下降"等功能。左前车窗电路如图4-23所示。

右前/左后/右后车窗的升降由车窗开关直接控制实现,即车窗电动机的电流方向由相应车窗开关控制实现,而非通过控制单元。右前/左后/右后车窗电路如图4-24所示。

如图4-22所示,当车身控制单元(E61)通过控制继电器(PWR Relay)工作时,通过继电器负载开关及左后车窗熔断丝(RL door)/右后车窗熔断丝(RR door)/右前车窗易熔丝(POWER),将蓄电池电源提供至相应车窗开关电源端子,为各扇车窗的工作做好准备。

驾驶员侧车窗电路工作过程:

如图4-23所示,当驾驶员操作左前车窗开关(I3)升降时,通过up/down/auto三根信号线将不同的电压信号送至左前车窗控制单元(I6),控制单元根据信号不同控制车窗电动机实现不同的升降功能。

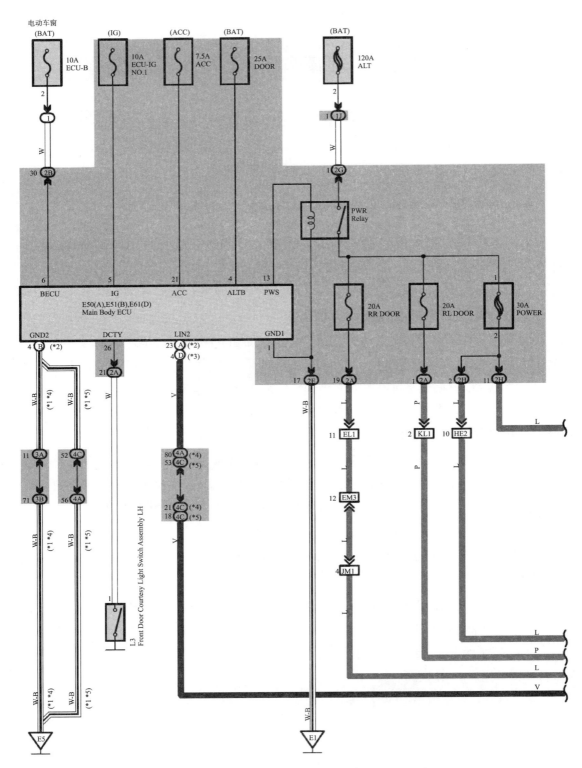

图 4-22　丰田卡罗拉车窗控制电源电路

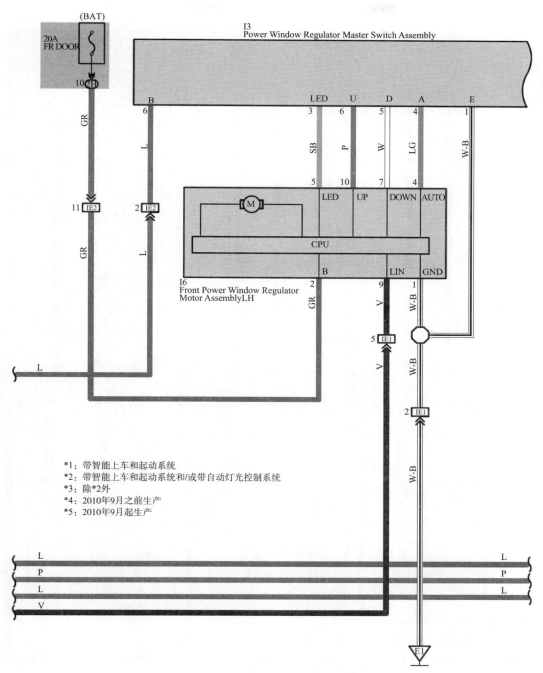

图 4-23　丰田卡罗拉左前车窗控制电路

左前车窗开关及左前车窗控制单元(包括电动机)要满足工作要求必须为其提供形成回路的电源,其中蓄电池正极通过 FR DOOR 熔断丝为左前控制单元供电,左前开关的电源正极来自易熔丝(POWER)。图示两连接器 1 号针脚均为地线,直接与车身搭铁。

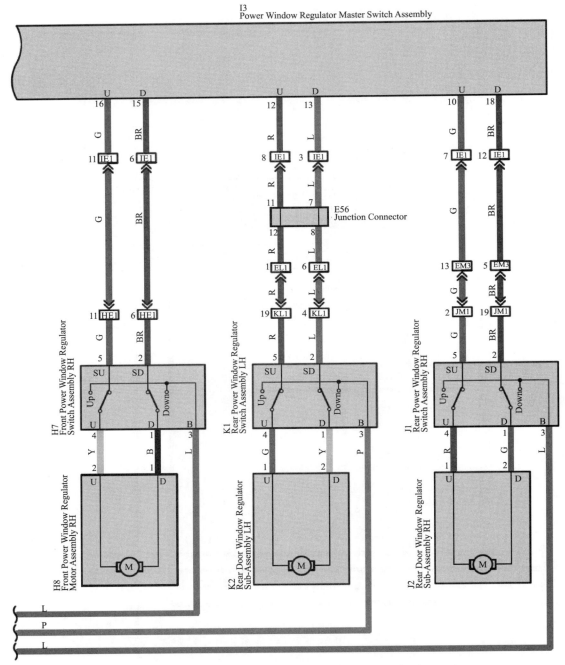

图 4-24 丰田卡罗拉右前/左后/右后车窗控制电路

右前/左后/右后车窗电路工作过程：

右前/左后/右后车窗的控制方式相同，即工作过程相同，下面仅以右前车窗举例说明。

如图 4-24 所示，右前车窗开关（H7）为静止的未工作状态，其连接器共有 5

根导线连接,其中两根与右前车窗电动机(H8)相连接,两根与左前车窗开关(I3)相连接,3号导线是与易熔丝(POWER)相连接的电源线。

当未操作任何开关时,车窗电动机两端通过左前开关及右前开关后都与地线相通,因为电动机两端相同电位,车窗电动机不工作。

当左前开关控制右前车窗上升时,右前开关如图所示维持静止常态,左前开关16号针脚提供电源正极,15号针脚维持地线,右前车窗电动机工作控制车窗上升。反之,左前开关15号针脚与电源正极接通,16号针脚维持地线,右前车窗电动机电流方向流通,电动机反转控制车窗下降。

当右前开关控制右前车窗上升时,左前开关处于静态位置,即15号和16号针脚导线通过左前开关形成地线。右前开关左半部触点与"UP"接通,右半部维持静止状态,此时电流流通路径为:POWER易熔丝→右前开关3号针脚→"UP"触点→右前开关4号针脚→右前车窗电动机2号针脚→电动机→右前车窗电动机1号针脚→右前开关1号针脚→维持静态的开关→右前开关2号针脚→左前开关15针脚→搭铁。

当右前开关控制右前车窗下升时,左前开关处于静态位置,即15号和16号针脚导线通过左前开关形成地线。右前开关右半部触点与"DOWN"接通,左半部维持静止状态,此时电流流通路径为:POWER易熔丝→右前开关3号针脚→"DOWN"触点→右前开关1号针脚→右前车窗电动机1号针脚→电动机→右前车窗电动机2号针脚→右前开关4号针脚→维持静态的开关→右前开关5号针脚→左前开关16针脚→搭铁。

二、雪佛兰科鲁兹车窗升降系统电路

雪佛兰科鲁兹车窗升降系统采用车身控制单元进行控制,其控制过程主要是通过通信线收集车窗开关信号,经计算判断后再通过通信线发出控制指令,控制车窗电动机工作。其由车窗电动机、车窗开关、车身控制模块、熔断丝及易熔丝、导线、连接器、车窗玻璃、传动机构等组成。

车窗升降系统电路工作情况分析如下。

雪佛兰科鲁兹车窗电路如图4-25~图4-27所示。

科鲁兹车窗开关除了能够根据驾驶员的操作意图产生相应的开关信号,同时还是一个逻辑单元,通过LIN通信线向车身控制单元发送车窗开关信号,当车身控制单元向车窗开关逻辑单元发送车身升降指令时,车窗开关逻辑单元控制开关内部继电器工作,从而实现对车窗电动机的电流方向控制。

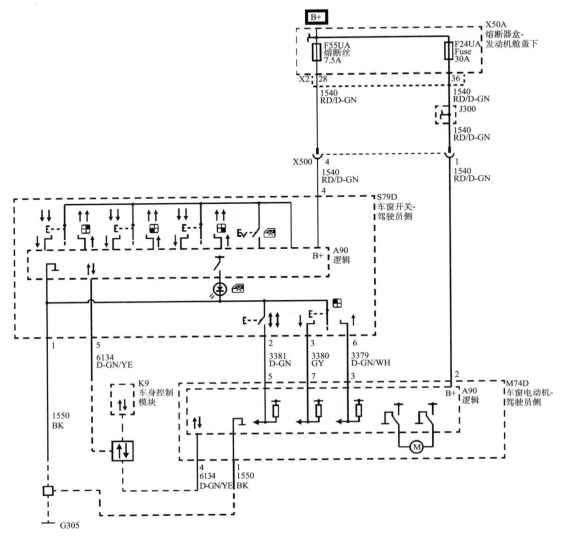

图 4-25　左前车窗电路

左前车窗开关控制过程：

左前车窗开关共有 4 个按钮，其中控制左前车窗升降的按钮开关工作原理与灯光开关工作原理相同，其功能包括手动控制上升/下降和一键控制上升/下降。

如图 4-25 所示，当驾驶员控制左前车窗手动下降时，S79D/2 和 S79D/6 触点开关断开，车窗电动机 M74D 逻辑单元得到两个内部提供的参考电压，S79D/3 触点闭合与 S79D/1 接地触点导通，车窗电动机 M74D 逻辑单元得到一个 0V，逻辑单元接收开关信号状态，并将该信号通过 M74D/4 的 LIN3 线端子传给车身控制单元 K9，经其计算判断后再由 LIN3 线将控制命令信号传给车窗电动机 M74D 逻辑单元，逻辑单元控制左前车窗电动机下降；当驾驶员控制左前车窗一键下降时，S79D/6 触点开关断开，车窗电动机 M74D 逻辑单元得到一个内部提供的参考电压，S79D/2 和 S79D/3 触点闭合与 S79D/1 接地触点导通，车窗电动机 M74D 逻辑单元得到两个 0V，逻辑单元接收开关信号状态，并将该信号通过 M74D/4 的 LIN3 线端子传给车身控制单元 K9，经其计算判断后再由 LIN3 线将控制命令信号传给车窗电动机 M74D 逻辑单元，逻辑单元控制左前车窗电动机自动下降到极限位置。手动上升控制和一键上升的控制原理相同，不再重复说明。

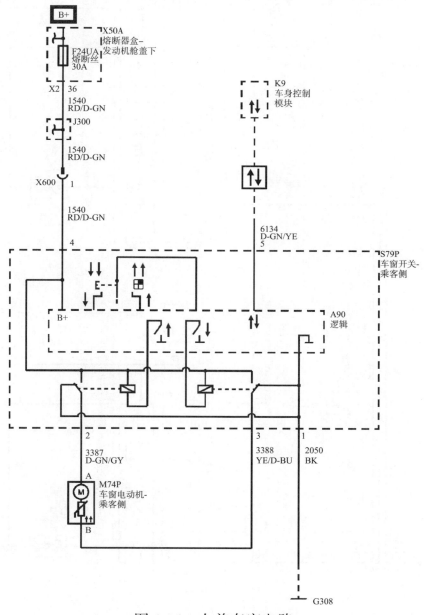

图 4-26　右前车窗电路

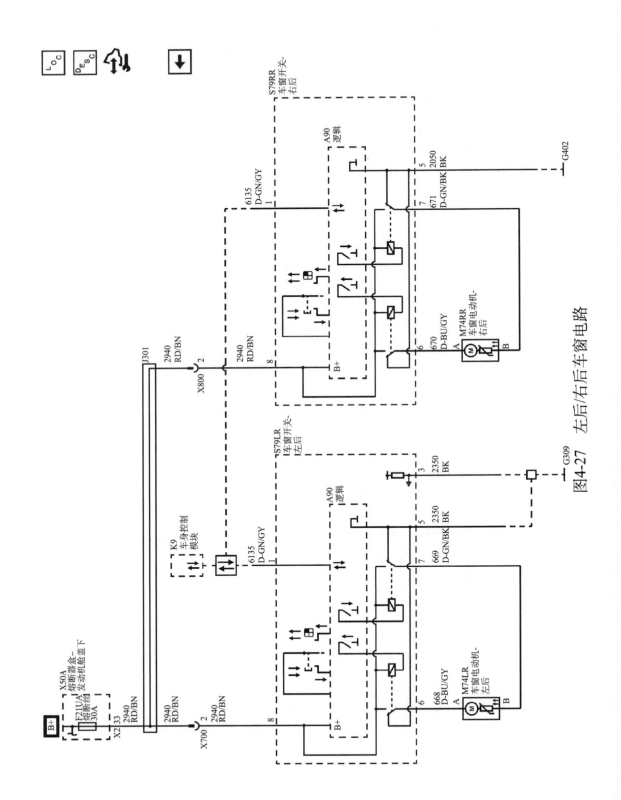

图4-27 左后/右后车窗电路

当驾驶员通过左前开关控制右前/左后/右后车窗工作时，触点开关信号首先传给左前开关 S79D 的逻辑单元，再通过 S79D/5 的 LIN3 线端子传给车身控制模块 K9，车身控制模块 K9 经计算判断后将控制指令通过 LIN3 通信线传给右前车窗开关逻辑单元，或通过 LIN4 通信线传给左后和右后车窗开关逻辑单元，再由该逻辑单元控制开关内部继电器实现对车窗电动机的控制。

右前/左后/右后车窗开关控制过程（图 4-26、图 4-27）：

当乘客操作右前/左后/右后车窗开关时，触点开关信号首先传给相应车窗开关的逻辑单元，再通过 LIN 线端子传给车身控制模块 K9，车身控制模块 K9 经计算判断后将控制指令通过 LIN3 通信线传给右前车窗开关逻辑单元，或通过 LIN4 通信线传给左后和右后车窗开关逻辑单元，再由该逻辑单元控制开关内部继电器实现对车窗电动机的控制。

课题四 灯光控制系统电路图识读

灯光控制系统根据控制方式不同，可以分为传统开关控制和控制单元控制，因此，其电路图的识读方法也有所不同。不管采用哪种控制方式，在电路识读前必须熟悉灯光系统的各种功能和各开关的控制过程。

一、北京现代悦动灯光控制系统电路

2009 款北京现代悦动灯光控制系统主要采用传统开关控制方式，其由灯珠、灯光开关、车身控制单元（主要负责控制前照灯）、继电器、熔断丝、导线、连接器等组成。

该电路图的识读要点主要是掌握灯光开关如何控制相关继电器线圈通电工作。

1. 前照灯电路

前照灯电路如图 4-28 所示。

灯光控制系统电路工作情况分析如下。

近光灯工作电路：

打开近光灯开关，BCM 的"前照灯开关输入"端子 M04-B/9→组合开关端子 M02-L/9→灯光开关中的"前照灯"→组合开关端子 M02-L/1→GM21 搭铁，BCM 接收到开关搭铁信号，判断开启近光灯，控制前照灯近光继电器线圈搭铁。

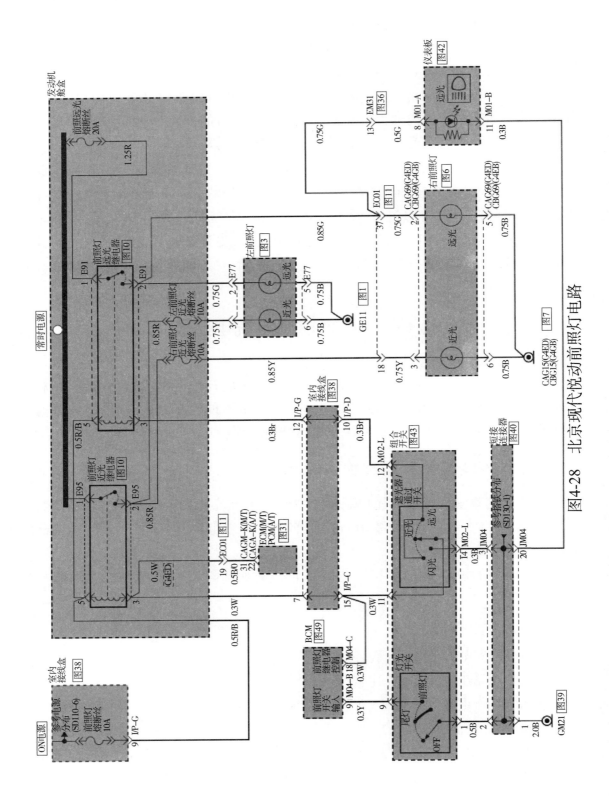

图4-28 北京现代悦动前照灯电路

点火开关控制电源→前照灯熔断丝→前照灯近光继电器控制线圈→室内接线盒I/P-G/7→I/P-C/15→BCM的"前照灯继电器控制"端子M04-C/18→通过BCM搭铁,继电器线圈通电工作,负载开关闭合。

常时电源→前照灯近光继电器负载开关→右前照灯近光熔断丝和左前照灯近光熔断丝→右前照灯近光灯珠和左前照灯近光灯珠→GAG15和GE11搭铁,左右近光灯点亮。

远光灯工作电路:

开启远光灯,首先必须打开近光灯,即BCM的"前照灯继电器控制"端子M04-C/18控制搭铁。点火开关控制电源→前照灯熔断丝→前照灯远光继电器控制线圈→室内接线盒I/P-G/12→I/P-D/10→组合开关端子M02-L/12→遮光器/通过开关中的"远光"→组合开关端子M02-L/11→室内接线盒I/P-C/15→BCM的"前照灯继电器控制"端子M04-C/18→通过BCM搭铁,继电器线圈通电工作,负载开关闭合。

常时电源→前照灯远光熔断丝→前照灯远光继电器负载开关→右前照灯远光灯珠和左前照灯远光灯珠→GAG15和GE11搭铁,左右远光灯点亮,同时仪表板远光指示灯点亮。

闪光灯工作电路:

拨动闪光灯开关,使开关处于闭合位置时,点火开关控制电源→前照灯熔断丝→前照灯远光继电器控制线圈→室内接线盒I/P-G/12→I/P-D/10→组合开关端子M02-L/12→遮光器/通过开关中的"远光"→遮光器/通过开关中的"闪光"→组合开关端子M02-L/14→GM21搭铁,继电器线圈通电工作,负载开关闭合。

常时电源→前照灯远光熔断丝→前照灯远光继电器负载开关→右前照灯远光灯珠和左前照灯远光灯珠→GAG15和GE11搭铁,左右远光灯点亮,同时仪表板远光指示灯点亮。

当释放闪光灯开关,开关触点回位,远光灯熄灭关闭。

2. 雾灯电路

雾灯电路如图4-29所示。

雾灯控制电路工作情况分析如下。

前雾灯工作电路:

图4-29中有传统开关控制和BCM控制单元控制的两种配置前雾灯电路,下面以传统开关控制的前雾灯电路举例说明。

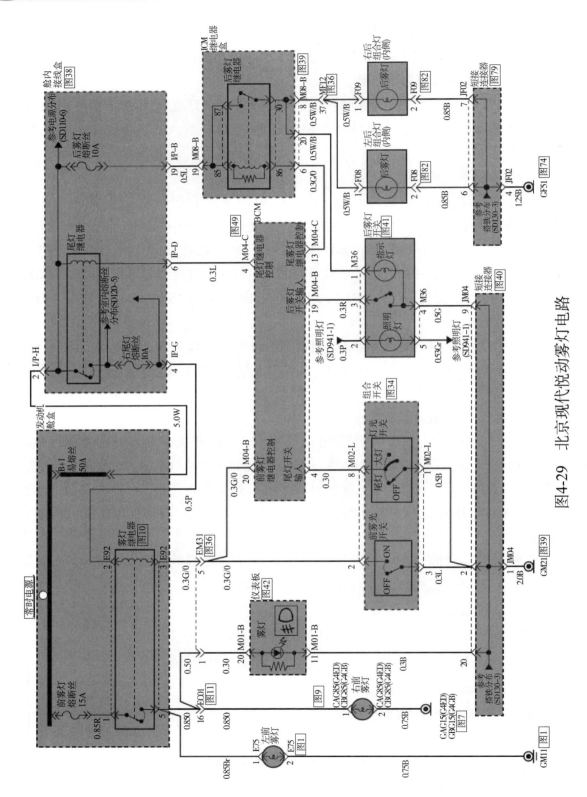

图4-29 北京现代悦动雾灯电路

通过电路图可知,开启前雾灯,必须先开启尾灯,即尾灯继电器负载开关闭合,其工作过程可参考"尾灯/小灯/牌照灯电路"。

常时电源 B+1 易熔丝→舱内接线盒 I/P-H/2→尾灯继电器负载开关→右尾灯熔断丝→室内接线盒 IP-G/4→雾灯继电器控制线圈→CM31/5→组合开关 M02-L/2→前雾灯开关→组合开关 M02-L/3→GM21 搭铁,继电器线圈通电工作,负载开关闭合。

常时电源→前雾灯熔断丝→雾灯继电器负载开关→左/右前雾灯灯珠→GE11 和 GAG15 搭铁,左右前雾灯点亮,同时仪表板前雾指示灯点亮。

后雾灯工作电路:

由电路图可知,后雾灯只通过 BCM 控制单元进行控制。BCM 控制后雾灯继电器工作的条件是:首先 BCM 接收到尾灯开启信号;打开后雾灯开关。

BCM 的"后雾灯开关输入"端子 M04-B/19→后雾灯开关 M36/3→M36/4→GM21 搭铁,BCM 接收到搭铁信号,判断雾灯开关闭合,经计算判断后控制后雾灯继电器线圈搭铁工作。

常时电源→B+1 易熔丝→舱内接线盒端子 I/P-H/2→后雾灯熔断丝→ICM 继电器盒端子 M08-B/19→后雾灯继电器控制线圈→ICM 继电器盒端子 M08-B/6→BCM 的"尾雾灯继电器控制"端子 M04-C/13,BCM 控制搭铁,继电器线圈通电工作,负载开关闭合。

常时电源→B+1 易熔丝→舱内接线盒端子 I/P-H/2→后雾灯熔断丝→ICM 继电器盒端子 M08-B/19→后雾灯继电器负载开关→ICM 继电器盒端子 M08-B/8→左右后雾灯灯珠→GF51 搭铁,后雾灯点亮,同时指示灯点亮。

3. 转向灯/危险警告灯电路

雾灯电路如图 4-30 所示。

转向灯/危险警告灯电路工作情况分析如下。

左转向灯工作电路:

如图 4-31,组合开关中的转向灯开关置于"左"位置,闪光器控制其开关按设定频率打开和关闭,实现转向灯电路的通断控制,其电流流通路径为:ON 或 START 电源→转向灯熔断丝→舱内接线盒 I/P-A/3→危险警告灯开关 M33/5→开关"OFF"位置→电路图线路连接符号"C"(连接下一张图中标有 C 的三角图形符号位置)→闪光器 M25/2→闪光器开关→闪光器 M25/1→组合开关 M02-L/4→转向灯开关"左"位置→组合开关 M02-L/5→舱内接线盒 I/P-B/10→舱内接线盒 I/P-G/6、舱内接线盒 I/P-F/26 和舱内接线盒 I/P-B/22(电路图中通过标有 D 的三角图形符号由图 4-31 连接至图 4-30)→左侧各转向灯和仪表板指示灯→各搭铁点。

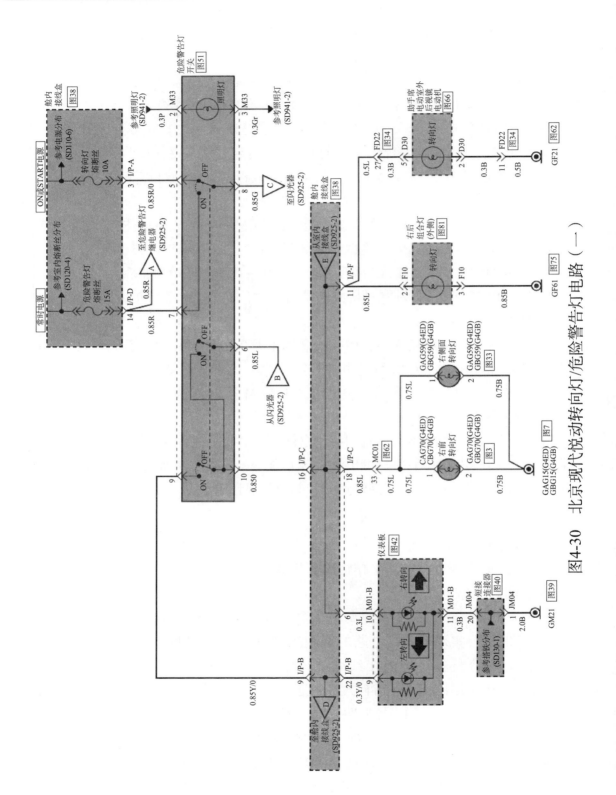

图4-30 北京现代悦动转向灯/危险警告灯电路（一）

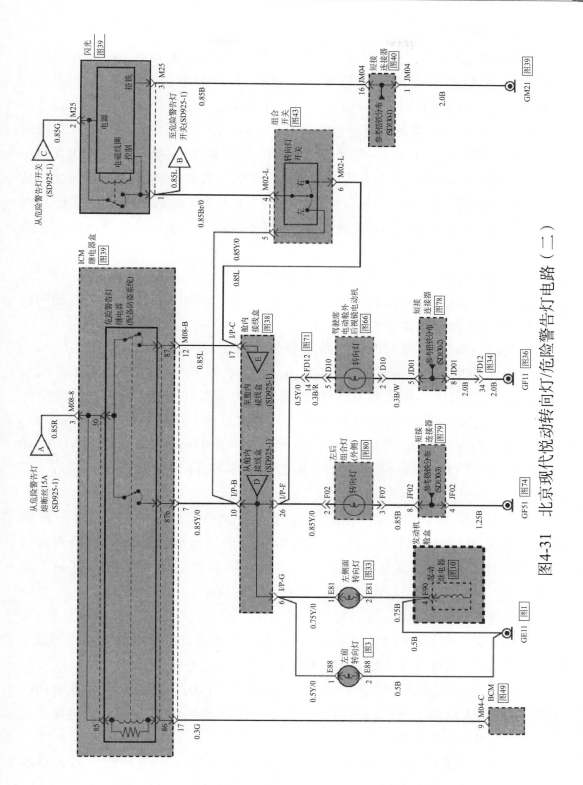

图4-31 北京现代悦动转向灯/危险警告灯电路（二）

右转向灯工作电路：

如图4-31，组合开关中的转向灯开关置于"左"位置，闪光器控制其开关按设定频率打开和关闭，实现转向灯电路的通断控制，其电流流通路径为：ON 或 START 电源→转向灯熔断丝→舱内接线盒 I/P-A/3→危险警告灯开关 M33/5→开关"OFF"位置→电路图线路连接符号"C"（连接下一张图中标有 C 的三角图形符号位置）→闪光器 M25/2→闪光器开关→闪光器 M25/1→组合开关 M02-L/4→转向灯开关"右"位置→组合开关 M02-L/6→舱内接线盒 I/P-C/17→舱内接线盒 I/P-C/6、舱内接线盒 I/P-C/18 和舱内接线盒 I/P-F/11（电路图中通过标有 E 的三角图形符号由图 4-31 连接至图 4-30）→右侧各转向灯和仪表板指示灯→各搭铁点。

危险警告灯工作电路（未配备防盗系统）：

如图4-30，按下危险警告灯开关至"ON"位置，车辆所有转向灯应以相同频率闪烁，其工作电路主要分为三部分识读。

①共用线路部分：常时电源→危险警告灯熔断丝→舱内接线盒 I/P-D/14→危险警告灯开关 M33/7→开关 ON 位置→危险警告灯开关 M33/8→闪光器 M25/2→闪光器控制开关→闪光器 M25/1（连接至图中标有 B 的三角图形符号位置）。

②左侧危险警告灯电路：危险警告灯开关 M33/6→开关 ON 位置→开关 ON 位置→危险警告灯开关 M33/9→舱内接线盒 I/P-B/9→舱内接线盒 I/P-G/6、舱内接线盒 I/P-F/26 和舱内接线盒 I/P-B/22→左侧各转向灯和仪表板指示灯→各搭铁点。

③右侧危险警告灯电路：危险警告灯开关 M33/6→开关 ON 位置→危险警告灯开关 M33/10→舱内接线盒 I/P-B/16→舱内接线盒 I/P-C/6、舱内接线盒 I/P-C/18 和舱内接线盒 I/P-F/11→右侧各转向灯和仪表板指示灯→各搭铁点。

防盗警告灯工作电路（配备防盗系统）：

如图4-31，当防盗系统被触发时，BCM 控制危险警告灯继电器线圈按照设定频率通断工作，其负载开关反复闭合和断开，其电流流通路径为：

常时电源→危险警告灯熔断丝→舱内接线盒 I/P-D/14→ICM 继电器盒 M08-B/3→危险警告灯继电器控制线圈→ICM 继电器盒 M08-B/17→BCM 的连接器端子 M04→C/9→搭铁工作。

常时电源→危险警告灯熔断丝→舱内接线盒 I/P-D/14→ICM 继电器盒 M08-B/3→危险警告灯继电器负载开关→ICM 继电器盒 M08-B/7→舱内接线盒 I/P-

B/10→舱内接线盒 I/P-G/6、舱内接线盒 I/P-F/26 和舱内接线盒 I/P-B/22→左侧各转向灯和仪表板指示灯→各搭铁点。

常时电源→危险警告灯熔断丝→舱内接线盒 I/P-D/14→ICM 继电器盒 M08-B/3→危险警告灯继电器负载开关→ICM 继电器盒 M08-B/12→舱内接线盒 I/P-C/17→舱内接线盒 I/P-C/6、舱内接线盒 I/P-C/18 和舱内接线盒 I/P-F/11→右侧各转向灯和仪表板指示灯→各搭铁点。

4. 倒车灯电路

倒车灯电路如图 4-32 所示。

倒车灯电路工作情况分析如下。

根据车辆配置不同,倒车灯分为倒车灯开关控制(用于手动挡车辆)和变速器挡位开关控制(用于自动挡车辆),识读方法相同,根据配置不同选择相对应线路识读,下面以自动挡车辆举例说明。

变速器挡位开关置于"R"位置,ON 或 START 电源→倒车灯熔断丝→EC01/33→选择"A/T"线路→变速器挡位开关 CAG01/8→R 位置→变速器挡位开关 CAG01/7→MC01/8→舱内接线盒 I/P-D/15→舱内接线盒 I/P-F/13 和 I/P-F/14→左右后倒车灯→GF51 和 GF61 搭铁点。

5. 制动灯电路

制动灯电路如图 4-33 所示。

制动灯电路工作情况分析如下。

如图 4-33,踩下制动踏板时,制动灯开关闭合。

常时电源→制动灯熔断丝→舱内接线盒 I/P-B/15→MC01/35→制动灯开关(根据车辆配置J不同选择识读线路)→MC01/38→高架制动灯、左后制动灯和右后制动灯→GF51 和 GF61 搭铁点。

6. 尾灯/小灯/牌照灯电路

尾灯、小灯、牌照灯电路如图 4-34 所示。

尾灯/小灯/牌照灯电路工作情况分析如下。

尾灯、小灯和牌照灯是由 BCM 接收开关信号,再由 BCM 控制继电器实现工作。

打开小灯开关,BCM 的"尾灯开关输入"端子 M04-B/4→组合开关 M02-L/8→灯光开关"尾灯"→组合开关 M02-L/1→GM21 搭铁。BCM 的"尾灯开关输入"端搭铁,BCM 通过计算判断,控制尾灯继电器线圈搭铁。

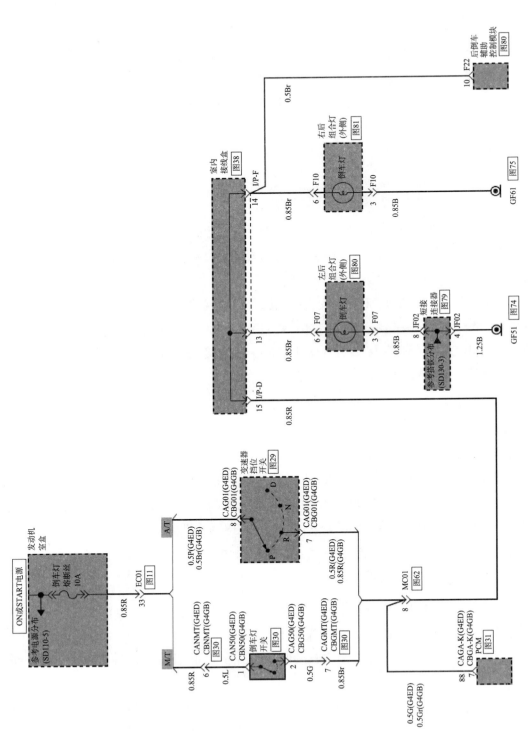

图4-32 北京现代悦动倒车灯电路

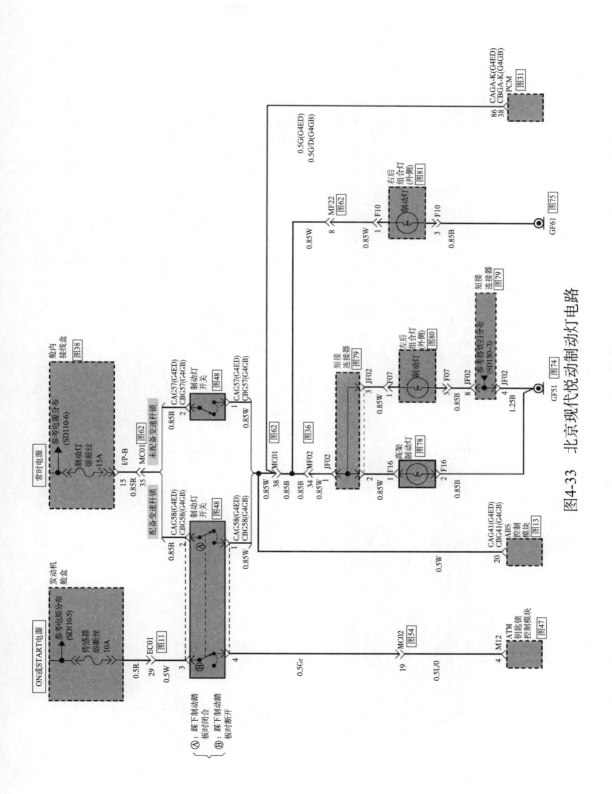

图4-33 北京现代悦动制动灯电路

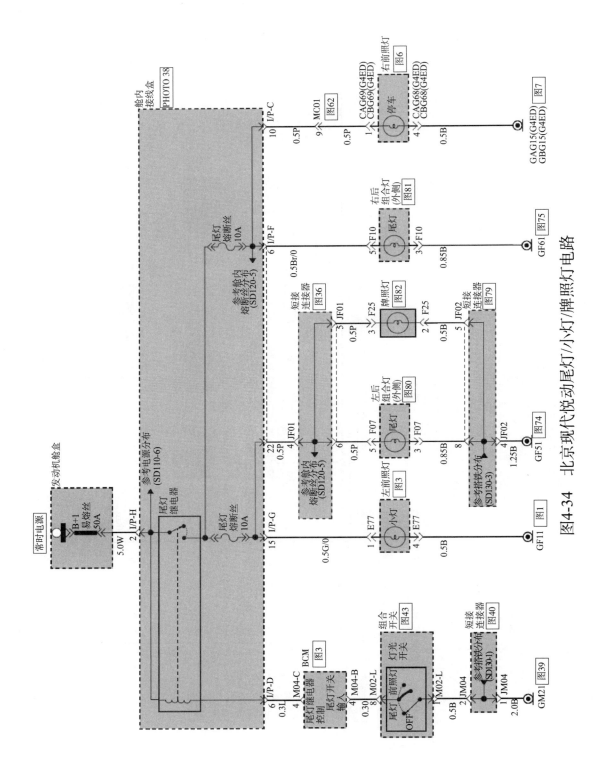

图4-34 北京现代悦动尾灯/小灯/牌照灯电路

常时电源→B+1易熔丝→舱内接线盒 I/P-H/2→尾灯继电器控制线圈→舱内接线盒 I/P-D/6→BCM 中的"尾灯继电器控制"端子 M04-C/4,由 BCM 控制继电器线圈搭铁,负载开关闭合。

常时电源→B+1易熔丝→舱内接线盒 I/P-H/2→尾灯继电器负载开关→两个尾灯熔断丝→舱内接线盒 I/P-G/15、I/P-F/22、I/P-F/6、和 I/P-C/10→左右小灯、左右尾灯、牌照灯→GE11、GF51、GF61 和 GAG15 搭铁点。

7. 礼貌灯/行李舱灯电路

礼貌灯、行李舱灯电路如图 4-35 所示。

礼貌灯/行李舱灯电路工作情况分析如下。

阅读灯工作电路：

如图 4-35 所示,将阅读灯开关置于"ON"位置。

常时电源→室内灯熔断丝→舱内接线盒 I/P-F/8→FR11/3→JR01/10→JR01/8→阅读灯 R04/1→开关"ON"位置→R04/2→JR/01/3→JR01/2→FR11/6→GF11 搭铁点。

室内灯工作电路：

室内灯开关置于 ON 位置时,常时电源→室内灯熔断丝→舱内接线盒 I/P-F/8→FR11/3→JR01/10→JR01/9→室内灯 R06/3→开关"ON"位置→R06/1→JR/01/1→JR01/2→FR11/6→GF11 搭铁点。

室内灯开关置于 DOOR 位置时,常时电源→室内灯熔断丝→舱内接线盒 I/P-F/8→FR11/3→JR01/10→JR01/9→室内灯 R06/3→开关"DOOR"位置→R06/2→FR11/4→BCM 的 M04-C/1 端子。由 BCM 控制搭铁来控制室内灯点亮与熄灭,BCM 控制室内灯的判断依据如图 4-35 所示的四扇车门开关。

行李舱灯工作电路：

如图 4-35,开启行李舱后其开关闭合。

常时电源→室内灯熔断丝→舱内接线盒 I/P-F/7→JR01/11→JR01/12→行李舱灯→行李舱开关→搭铁点。

仪表板行李舱盖开启指示灯同时点亮。常时电源→室内灯熔断丝→舱内接线盒 I/P-C/12→仪表板 M01-A/13→行李舱盖开启指示灯→仪表板 M01-B/12→行李舱开关→搭铁点。

二、雪佛兰科鲁兹灯光控制系统电路

2012 款雪佛兰科鲁兹灯光控制系统采用控制单元控制方式,其由灯珠、灯光开关、车身控制模块、继电器、熔断丝、导线、连接器等组成。

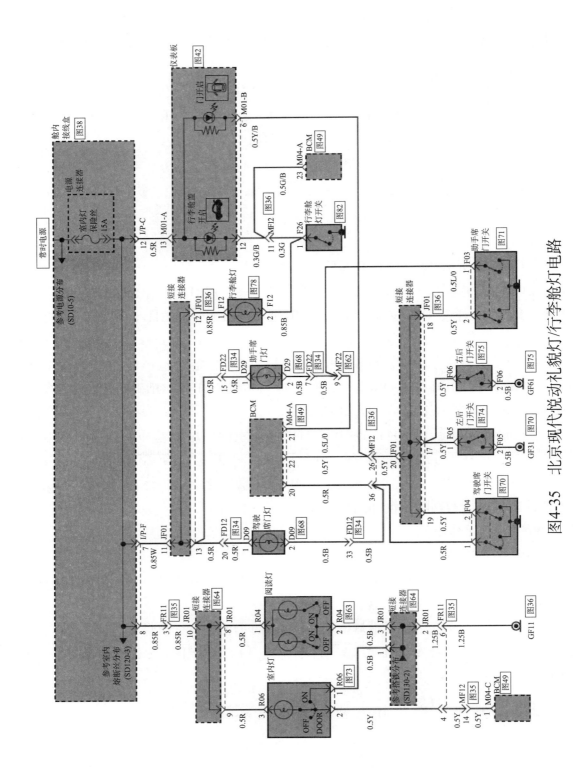

图4-35 北京现代悦动礼貌灯/行李舱灯电路

单元四 车辆典型系统电路图识读

该电路图的识读要点主要是车身控制模块接收各个灯光开关信号,经计算判断后再由车身控制模块直接驱动灯珠或通过继电器控制灯珠点亮和熄灭。不同灯系的电路图识读方法相同,其电路如图4-36~图4-41所示。

下面以前照灯举例说明,其他灯系电路参考前照灯电路的分析方法进行识读。

前照灯电路工作情况分析如下。

前照灯电路如图4-36所示。

科鲁兹的灯光系统的工作状态是通过车身控制模块(K9)控制实现的,灯光开关不同的工作状态,可以改变车身控制模块对应开关信号线端子的电压状态,从而反映驾驶员的真实意图,再由车身控制单元计算判断后,通过继电器或直接控制相应的灯珠点亮或熄灭。

电路图所示的开关状态为原始位置,即驾驶员未做任何操作,此时所有开关与车身控制单元相连接的导线均与地线断开,车身控制电脑得到一个自身提供的参考电压。当驾驶员操作开关时,反映相应开关状态的信号线会通过开关与地线连接,车身控制电脑的信号电压由参考电压变为0V电压。

前照灯开关(S30)处于关闭位置,此时只有开关5号端子与地线6号端子闭合导通,3号、4号端子与地线处于断开状态。此时车身控制单元信号接收端的状态为:K9/X1/22为参考电压;K9/X1/11为0V;K9/X1/16为参考电压。此时车身控制单元通过三根开关信号线的不同状态得到一组"1 0 1"的二进制信号,根据内部程序的设定判断前照灯开关处于关闭位置,车身控制单元不控制任何灯点亮。

前照灯开关(S30)处于AUTO位置,此时3号、4号、5号端子均与地线处于断开状态。此时车身控制单元信号接收端的状态为:K9/X1/22为参考电压;K9/X1/11为参考电压;K9/X1/16为参考电压。此时车身控制单元通过三根开关信号线的不同状态得到一组"1 1 1"的二进制信号,根据内部程序的设定判断前照灯开关处于自动位置,车身控制单元根据车辆使用环境控制灯点亮或熄灭。

前照灯开关(S30)处于示宽灯打开位置,此时只有开关3号端子与地线6号端子闭合导通,4号、5号端子与地线处于断开状态。此时车身控制单元信号接收端的状态为:K9/X1/22为0V;K9/X1/11为参考电压;K9/X1/16为参考电压。此时车身控制单元通过三根开关信号线的不同状态得到一组"0 1 1"的二进制信号,根据内部程序的设定判断前照灯开关处于示宽灯打开位置,车身控制单元通过K9/X4/6、K9/X4/5和K9/X4/13三个端子将示宽灯和牌照灯与蓄电池电源接通,控制相应灯珠点亮。

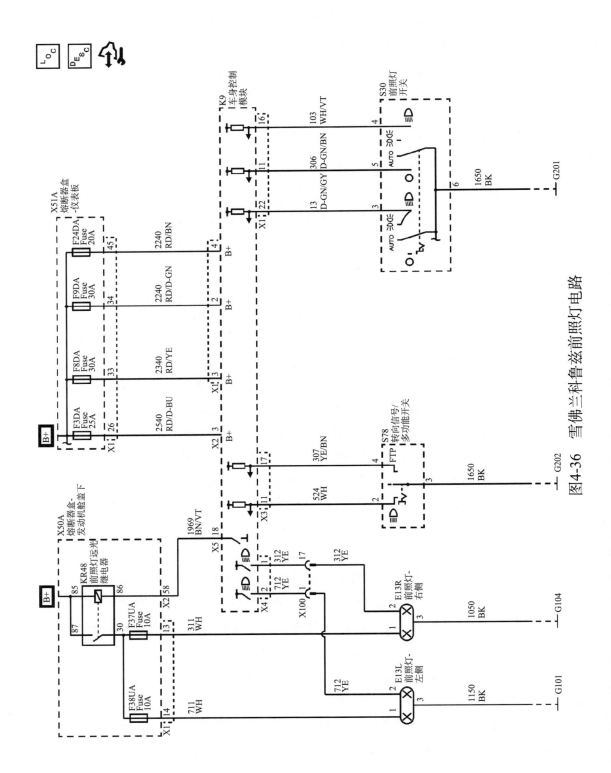

图4-36 雪佛兰科鲁兹前照灯电路

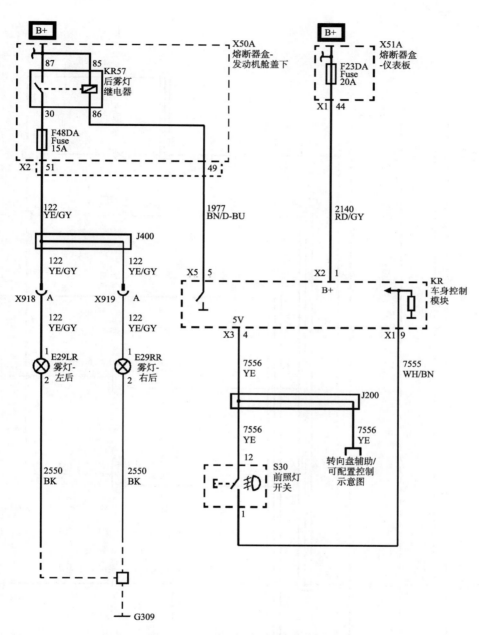

图 4-37 雪佛兰科鲁兹后雾灯电路

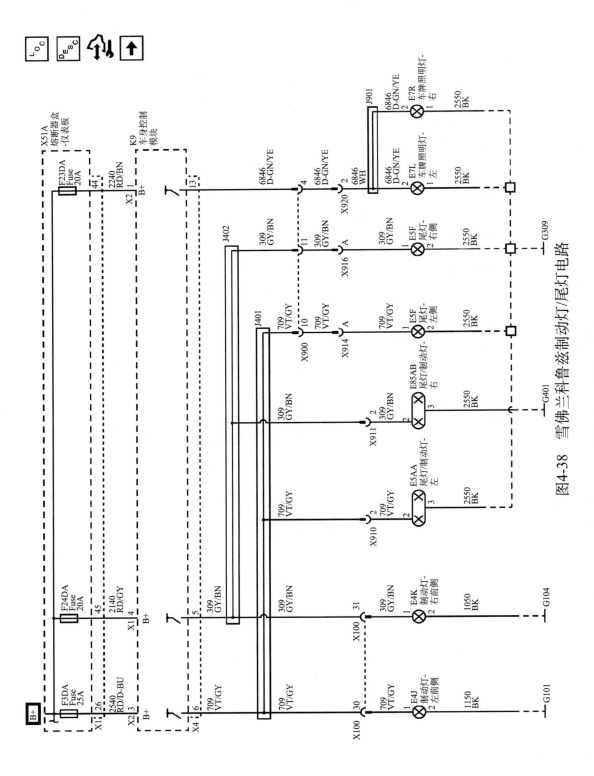

图4-38 雪佛兰科鲁兹制动灯/尾灯电路

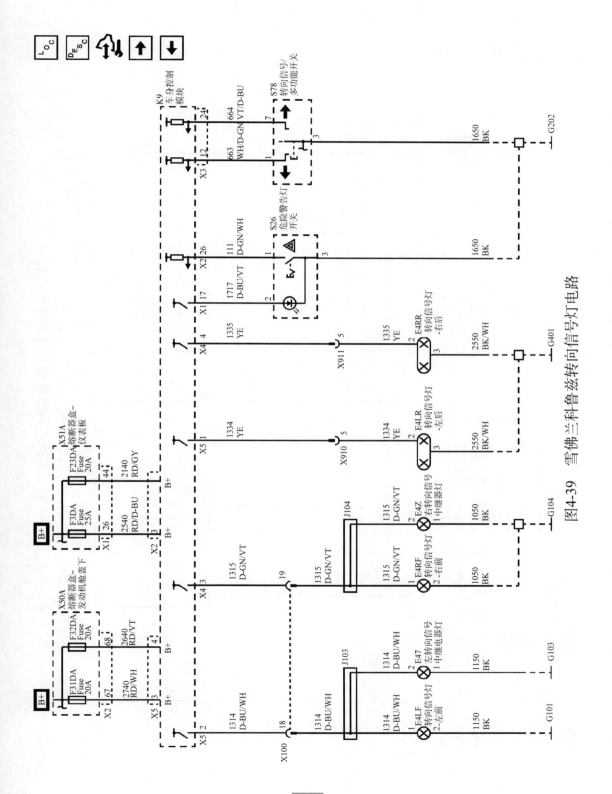

图4-39 雪佛兰科鲁兹转向信号灯电路

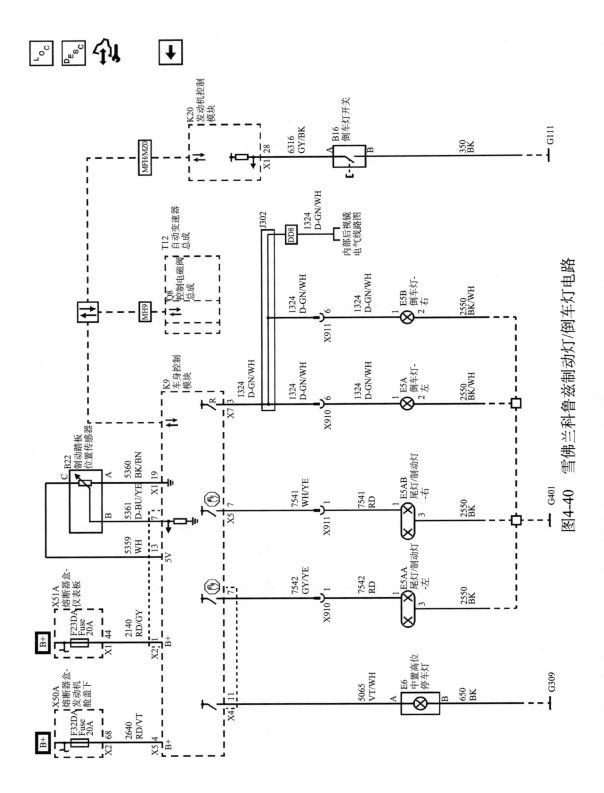

图4-40 雪佛兰科鲁兹制动灯/倒车灯电路

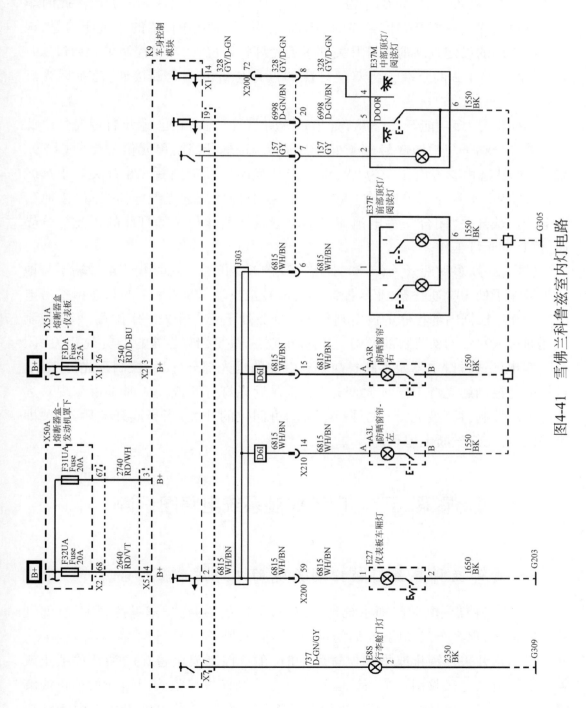

图4-41 雪佛兰科鲁兹室内灯电路

前照灯开关(S30)处于近光灯打开位置,此时只有开关5号端子与地线6号端子断开,3号、4号端子与地线均处于导通状态。此时车身控制单元信号接收端的状态为:K9/X1/22为0V;K9/X1/11为参考电压;K9/X1/16为0V。此时车身控制单元通过三根开关信号线的不同状态得到一组"0 1 0"的二进制信号,根据内部程序的设定判断前照灯开关处于近光灯打开位置,车身控制单元通过K9/X4/1和K9/X4/2两个端子将双丝灯珠的近光与蓄电池电源接通,控制近光灯点亮。

转向信号/多功能开关(S78)处于远光灯打开位置,且已经开启近光灯。此时开关2号端子与地线3号端子处于导通状态,车身控制单元信号接收端K9/X3/11的状态由参考电压变为0V,根据内部程序的设定判断S78开关处于远光灯打开位置,车身控制单元通过K9/X5/18控制前照灯远光继电器线圈"接地",继电器负载开关"闭合",蓄电池通过继电器及熔断丝与双丝灯珠的远光部分导通,控制远光灯工作。

转向信号/多功能开关(S78)处于"变光"工作位置。此时开关4号端子与地线3号端子处于导通状态,车身控制单元信号接收端K9/X3/17的状态由参考电压变为0V,根据内部程序的设定判断S78开关处于变光开关工作位置,车身控制单元通过K9/X5/18控制前照灯远光继电器线圈"接地",继电器负载开关"闭合",蓄电池通过继电器及熔断丝与双丝灯珠的远光部分导通,控制远光灯工作。虽然都是控制远光灯工作,但"变光"功能在近光灯打开或关闭时都可实现对远光灯丝的控制,且"变光"开关是一个自动可回位的开关,当释放开关后,开关即刻回位,远光灯丝断电熄灭。

课题五 门锁控制系统电路图识读

一、雪佛兰科鲁兹门锁控制系统的工作过程

雪佛兰科鲁兹电动门锁系统包括以下部件:门锁开关、车身控制模块、驾驶员车门锁闩、乘客车门锁闩、左后门锁闩、右后门锁闩。

当门锁开关在锁止或解锁位置启动时,车身控制模块将在门锁开关锁止或解锁信号电路上接收到一个搭铁信号。车身控制模块接收到门锁开关锁止或解锁信号后,将向车门锁执行器锁止或解锁控制电路提供蓄电池电压。由于锁止

执行器的对侧通过其他锁止执行器控制电路连接至搭铁,所以车门、燃油加注口门和举升门将按命令进行锁止或解锁。

1. 信号控制电路

信号控制电路如图 4-42 所示。

信号控制电路工作情况分析如下。

当门锁开关 S13D 处于解锁状态时:K9/X2/15#→S13D/3#→S13D/1#→搭铁,K9 接收到 X2/15 端子搭铁时,打开所有车门门锁。

当门锁开关 S13D 处于锁止状态时:K9/X2/19#→S13D/4#→S13D/1#→搭铁,K9 接收到 X2/19 端子搭铁时,锁止所有车门门锁。

2. 门锁执行电路

门锁执行电路如图 4-43 所示。

门锁执行控制电路工作情况分析如下。

一级解锁位置:当按下遥控钥匙一次解锁功能键,打开驾驶员侧门锁、燃油加注口门锁。

电路控制:一级解锁时,K9/X6/1#处开关搭铁。

电路回路:

驾驶员侧:电源"+"→K9/X6/4#→A23D/2#→A23D/3#→K9/X6/1#→搭铁。

燃油加注口门锁:电源"+"→ K9/X6/4#→M27/1#→M27/2#→K9/X6/1#→搭铁。

二级解锁位置:当按下遥控钥匙二次解锁功能键,打开乘客侧门锁、左后门门锁、右后门门锁。

电路控制:二级解锁时,K9/X6/2#处开关接地。

乘客侧门锁电路:电源"+"→ K9/X6/4#→A23P/7#→A23P/8#→K9/X6/2#→搭铁。

左后车门门锁电路:电源"+"→ K9/X6/4#→A23LR/2#→A23LR/3#→K9/X6/2#→搭铁。

右后车门门锁电路:电源"+"→ K9/X6/4#→A23RR/7#→A23RR/8#→K9/X6/2#→搭铁。

锁止位置:当按下遥控钥匙锁止功能键,锁止驾驶员侧门锁、乘客侧门锁、左后门门锁、右后门门锁。

锁止时,K9/X6/4#处开关接地,所有车门都锁止。

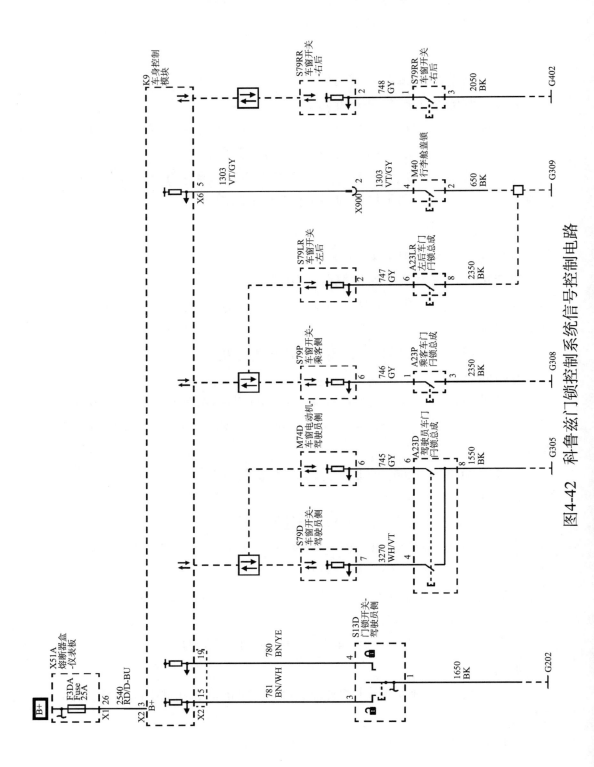

图4-42 科鲁兹门锁控制系统信号控制电路

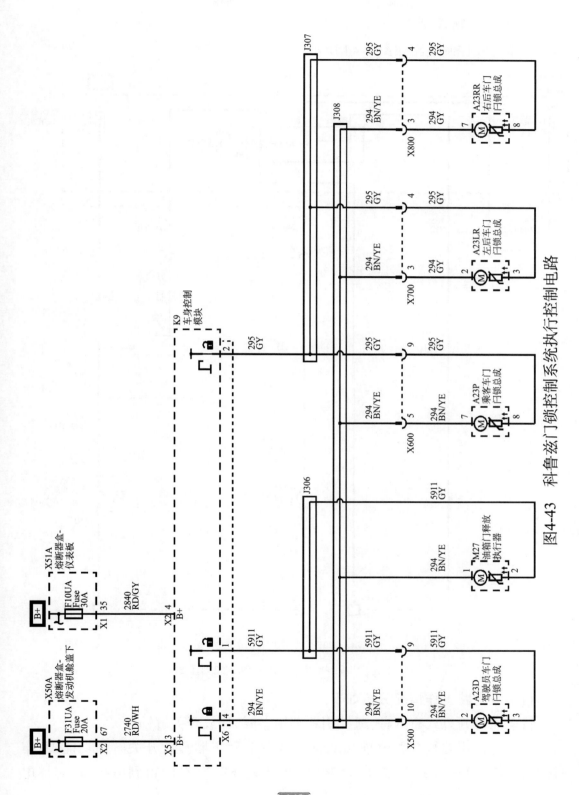

图4-43 科鲁兹门锁控制系统执行控制电路

3. 行李舱锁控制电路

行李舱锁控制电路如图4-44所示。

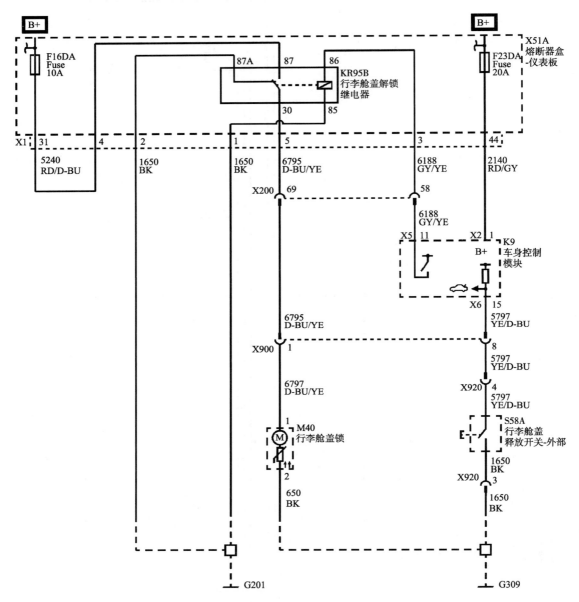

图4-44 科鲁兹行李舱锁控制电路

行李舱电路工作情况分析如下。

行李舱打开方式有两种:遥控钥匙解锁,外部释放开关解锁。

按下遥控钥匙行李舱解锁功能键或者按下后车厢释放开关解锁功能键,车身控制模块K9接收到信号,闭合K9内部开关,K9/X5/11#得到电源,控制继电器工作,从而控制行李舱盖锁电动机工作。

行李舱锁控制电路:电源"+"→K9/X5/11#→KR95B/86#→KR95B/85#→搭铁。

行李舱锁执行电路:

电源"+"→F16DA→KR95B/87#→KR95B/30#→M40/1#→M40/2#→搭铁。

二、吉利帝豪EV450纯电动车门锁系统电路

1. 组成

门锁主要由电机、微动开关、壳体、拉杆等组成。

乘客侧门锁内均有一个电机和一个微动开关。微动开关的作用是反应车门是否开启。驾驶员侧门锁在乘客侧门锁基础上增加2个微动开关,一个反映左前门锁状态信号,一个反映机械锁芯状态信号。系统设有两个门锁开关,一个设置在左前门锁内,另一个位于左前门中控开关内。两个门锁开关的上锁信号共同输入到BCM同一个输入端子,但解锁信号是分别输入的。驾驶员车门钥匙锁芯只能单独解锁车门,但可以锁止所有车门。

2. 功能

1) 钥匙开锁/闭锁

驾驶员侧车门钥匙转到开锁位置,四门锁打开;驾驶员侧车门钥匙转到闭锁位置,四门锁闭锁。

车内开锁/闭锁开关(驾驶员侧门板上):开锁动作,四门锁打开;遥控钥匙双锁解除闭锁动作,四门锁闭锁。

行李舱可以被遥控器开启或开关开启。在车速达到5km/h以上行李舱/背门开启功能禁止。

2) 自动落锁

启动开关电源模式处于ON状态,车速连续3s以上大于10km/h后,四车门锁会自动闭锁。背门将在关闭1.5s后,会自动落锁。遥控器解锁15s后,四车门、背门盖任一未被打开,车门会自动重锁。车内灯关闭,系统进入布警状态。

3) 自动解锁

车辆原本处于行驶且门锁上锁状态,当停车且电源模式处于OFF时,四车门

自动解锁。电源模式在任何状态下,按下背门遥控解锁按键超过2s,背门锁解锁。

4)中央门锁控制功能

启动开关电源模式处于OFF状态,按压一次遥控器上的解锁键,四门解锁,转向灯闪烁三次确认,内灯渐亮,位置灯点亮。

启动开关电源模式处于OFF状态,按下遥控器上的闭锁键一次,车辆锁四车门,转向灯闪烁确认,内灯渐灭,位置灯熄灭。

按下车内闭锁键,车辆四门锁闭锁。电源模式不在ON或在ON且车速小于15km/h时,如果中央门控开关按至解锁位置,则BCM驱动四门解锁。当车速大于15km/h时,中控解锁命令被禁止。电源模式ON状态时,除了解除报警操作和后背门解锁以外的任何遥控命令都不会被执行。

5)中央集控门锁优先级

优先级:当几个信号同时有效时:碰撞解锁＞前门钥匙开关信号＞遥控信号＞中控门锁＞自动解锁与自动闭锁功能。当上述信号一个有效时,并正在执行相应动作时。另一个信号在此时发生,则会被忽略。但当有碰撞解锁信号发生时,BCM立即执行碰撞解锁动作。

3. 电路分析

1)闭锁

当BCM接收到开关上锁输入信号或者满足自动落锁条件时,从BCM的上锁输出端输出电源,控制五个车门的门锁电机执行上锁操作,如图4-45所示。

控制电路工作情况分析如下。

如图4-46所示,当驾驶员侧门锁电机开关处于上锁状态时:

BCM/IP24/2#→DR03a/2#→上锁开关→DR03a/5#→G36搭铁,BCM接收到IP24/2#搭铁时,锁止所有车门门锁。

如图4-45所示,当按下钥匙开关锁止按钮,或者按下驾驶员侧锁止开关时,BCM给IP22a/18#发出指令,让内部接通电源"＋",而IP22a/20#保持原始搭铁状态。

驾驶员侧门锁电机回路:

BCM/IP22a/18#→IP09b/31#→SO03a/31#→SO14a/3#→DR01a/3#→DR03a/3#→门锁电机→DR03a/4#→DR01a/4#→SO14a/4#→SO03a/16#→IP09b/16#→IP22a/20#。

前乘员侧门锁电机回路：

BCM/IP22a/18#→IP09b/31#→SO03a/31#→SO16a/3#→DR11a/3#→DR13a/4#→门锁电机→DR13a/3#→DR11a/4#→SO16a/4#→SO03a/16#→IP09b/16#→IP22a/20#。

左后门锁电机回路：

BCM/IP22a/18#→IP09b/31#→SO03a/31#→SO18a/2#→DR21a/2#→DR23a/3#→门锁电机→DR23a/4#→DR21a/4#→SO18a/4#→SO03a/16#→IP09b/16#→IP22a/20#。

右后门锁电机回路：

BCM/IP22a/18#→IP09b/31#→SO03a/31#→SO20a/2#→DR31a/2#→DR33a/4#→门锁电机→DR33a/3#→DR31a/4#→SO20a/4#→SO03a/16#→IP09b/16#→IP22a/20#。

充电口盖电机回路：BCM/IP22a/18#→IP02a/37#→CA01a/37#→CA64/2#→充电口盖电机→CA64/1→CA01a/36→IP02a/36→IP22a/20#。

2）解锁

当 BCM 接收到开关解锁输入信号或者满足自动解锁条件时，从 BCM 的解锁输出端输出电源，控制四个车门外加后背门的门锁电机执行解锁操作。背门可通过操作后背门开关并通过无钥匙进入模块与 BCM 信号控制，以进行单独开启。

如图 4-46 所示，当驾驶员侧门锁电机开关处于解锁状态时：

BCM/IP24/1#→DR03a/6#→解锁开关→DR03a/5#→G36 搭铁，BCM 接收到 IP24/1#搭铁时，解锁所有车门门锁。

如图 4-45 所示，当按下钥匙开关解锁按钮，或者按下驾驶员侧解锁开关时，BCM 给 IP22a/20#发出指令，让内部接通电源"＋"，而 IP22a/18#保持原始搭铁状态。各电机电路回路相同，锁止状态正负极互换，电流方向相反，电机反向运转，解锁。

3）行李舱锁电机

如图 4-46 所示，当按下行李舱开启开关，BCM/IP21a/19#信号线通过开关与 G24 搭铁点接通，BCM 获知开关闭合，判断"需要开启行李舱"的指令信息，从而控制行李舱解锁，其解锁回路为：

BCM/IP22a/12#→IP09b/30#→SO03a/30#→SO59a/9#→SO55a/9#→SO54a/2#→电机→SO54a/1#→G39 搭铁。

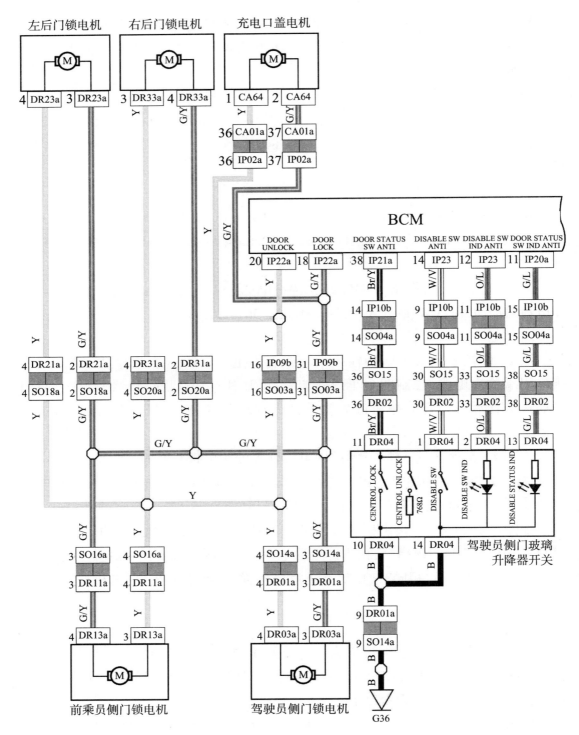

图 4-45 门锁电机图

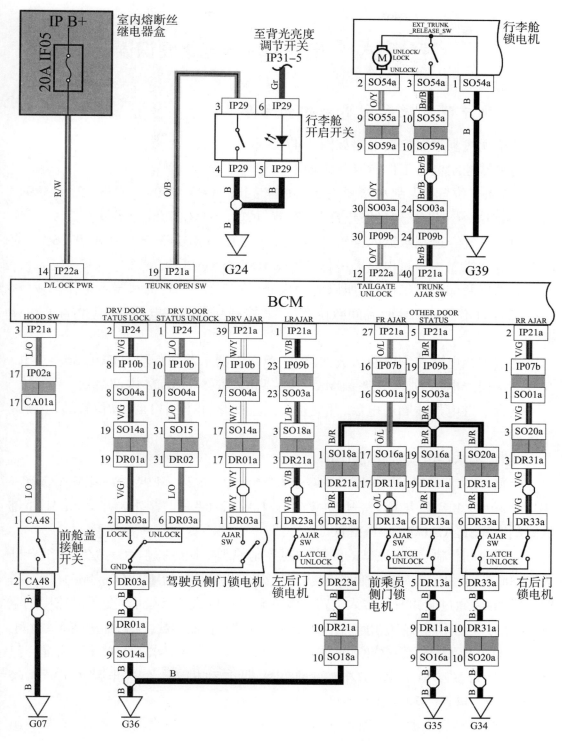

图 4-46 行李舱锁电路图

课题六　电动刮水器电路图识读

一、北京现代悦动刮水器控制电路

北京现代刮水器控制电路如图4-47所示。

刮水器控制电路工作情况分析如下。

(1) OFF位置，当刮水器开关处于OFF挡时，MO2-W/9#→EM31/23#→E94/1#→E94/4#→CAG07/3#→停止开关（右侧位置）→CAG07/5#→搭铁。

OFF位置经过刮水器内部线路到达LO位置→MO2-W/8#→CAG07/6#→前刮水器电动机M→经过电路断电器→经CAG07/5#→搭铁。

电动机两侧都属于搭铁，所以电动机处于不工作状态，刮水器不工作。

(2) INT位置，BCM收到间歇位置信号，控制刮水器继电器控制(MO4-C)/5#搭铁。

刮水器继电器控制电路形成回路：电源→前刮水器熔断丝→JE01/8#→JE01/7#→刮水器继电器的5#→3#→EM31/24#→MO4-C/5#→BCM内部搭铁。

刮水器继电器线圈通电后，开关位置发生变化，由图中1#→4#位置转为1#→2#位置。

此时，刮水器电动机开始工作。

电路：电源→熔断丝→JE01/8#→JE01/6#→E94/2#→E94/1#→EM31/23#→MO2-W/9#→组合开关INT→MO2-W/8#→CAG07/6#→前刮水器电动机M经过电路断电器，经CAG07/5#→搭铁。

间隙时间控制：悦动汽车的间歇时间控制原理如图，通过MO4-B/5#→组合开关的/3#→INT位置—间歇时间控制线圈—组合开关/2#→JM04/5#→JM04/1#→搭铁形成回路，通过旋钮改变接入电路中线圈电阻值的大小，从而改变了电路中的电流，BCM接收到不同信号的电流值，接合ECU内部储存的参数，匹配相应的间歇时间。

(3) LO位置：电源→熔断丝25A→组合开关/12#→刮水器开关LO位置→组合开关MO2-W/8#→CAG07/6#→前刮水器电动机M，经过电路断电器，经CAG07/5#→搭铁。刮水器电动机开始低速工作。

(4) HI位置：电源→熔断丝25A→组合开关/12#→刮水器开关HI位置→组合开关MO2-W/14#→CAG07/4#→前刮水器电动机M，经过电路断电器，经CAG07/5#→搭铁。刮水器电动机开始高速工作。

单元四　车辆典型系统电路图识读

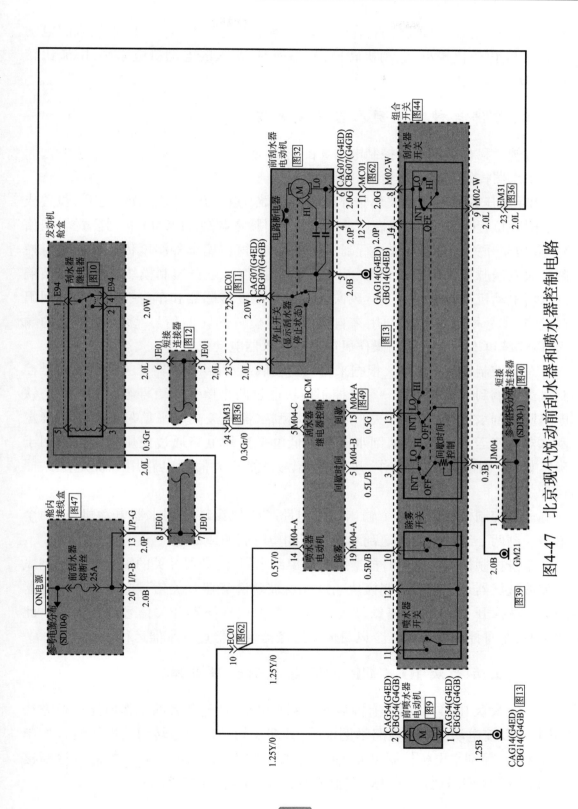

图4-47　北京现代悦动前刮水器和喷水器控制电路

低速与高速的原理区别就在于接入电路中的电阻大小,低速时,接入的电动机电阻大,电流比较小,电动机转速慢,高速时,接入的电动机电阻小,电流比较大,电动机转速快。

二、雪佛兰科鲁兹刮水器控制电路

雪佛兰科鲁兹刮水器控制电路如图 4-48 所示。

刮水器控制电路工作情况分析如下。

B+电压提供至风窗玻璃车外湿度传感器。点火开关置于 ON(打开)位置或处于附件位置时,车身控制模块(BCM)使用脉宽调制(PWM)信号发送转向信号/多功能开关状态。需要进行刮水循环时,风窗玻璃车外湿度传感器向车身控制模块发送脉宽调制电压信号,启动刮水器操作。车身控制模块指令风窗玻璃刮水器电动机刮水循环。一旦风窗玻璃车外湿度传感器和车身控制模块之间出现故障,车身控制模块将利用来自处于延迟位置的转向信号/多功能开关的输入,以连续可变的延迟间隔操作风窗玻璃刮水器电动机。

车身控制模块(BCM)根据来自风窗玻璃刮水器/洗涤器开关的输入信号控制风窗玻璃刮水器电动机。车身控制模块通过两个单独的信号电路和一个搭铁电路监测刮水器/洗涤器开关。风窗玻璃刮水器开关高电平信号电路用于确定刮水器高速运行,风窗玻璃刮水器开关低电平信号电路通过使用梯形电阻用于确定低速、间歇和除雾操作,风窗玻璃洗涤器开关信号电路用于确定洗涤器运行。

车身控制模块通过两个输出控制电路控制风窗玻璃刮水器电动机,这两个电路控制两个继电器以确定刮水器达到期望的高速或低速。

车身控制模块(BCM)根据风窗玻璃刮水器/洗涤器开关的输入信号控制风窗玻璃洗涤器泵。车身控制模块通过风窗玻璃洗涤器开关信号电路监测洗涤器开关。洗涤开关闭合时,搭铁被提供至风窗玻璃洗涤器开关信号电路。发生此状况时,车身控制模块将指令风窗玻璃洗涤器泵和低速刮水器运行。

三、上海大众 ID.4 CROZZ 电动刮水器电路

上海大众 ID.4 CROZZ 有前后两个刮水电机,由于两者的工作电路分析方法相同,现以前电动刮水器电路举例说明,其涉及的部件包括转向柱电子装置控制单元 J527、前刮水电机控制单元 J400、车载电网控制单元 J519、数据总线诊断接口 J533、CAN 网络通信和 LIN 线通信,如图 4-49~图 4-53 所示。

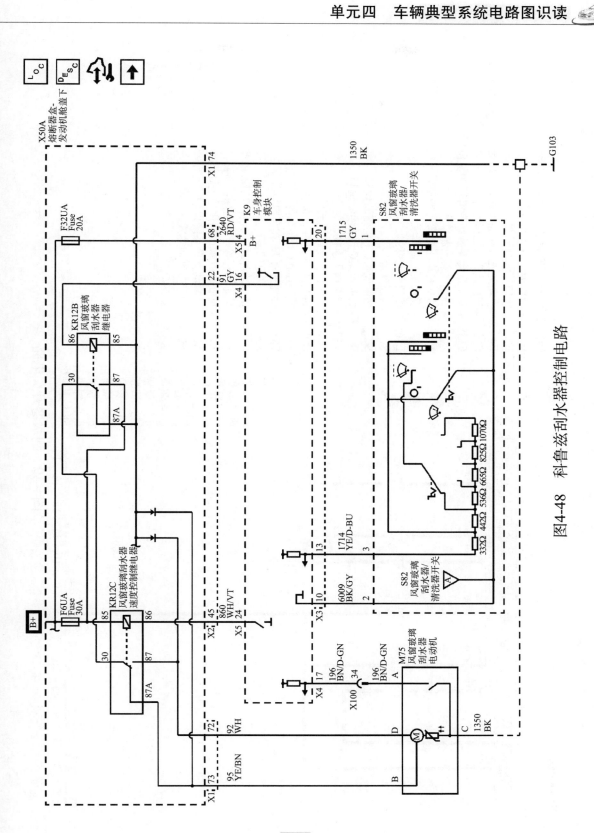

图4-48 科鲁兹刮水器控制电路

ID.4 CROZZ

电路图

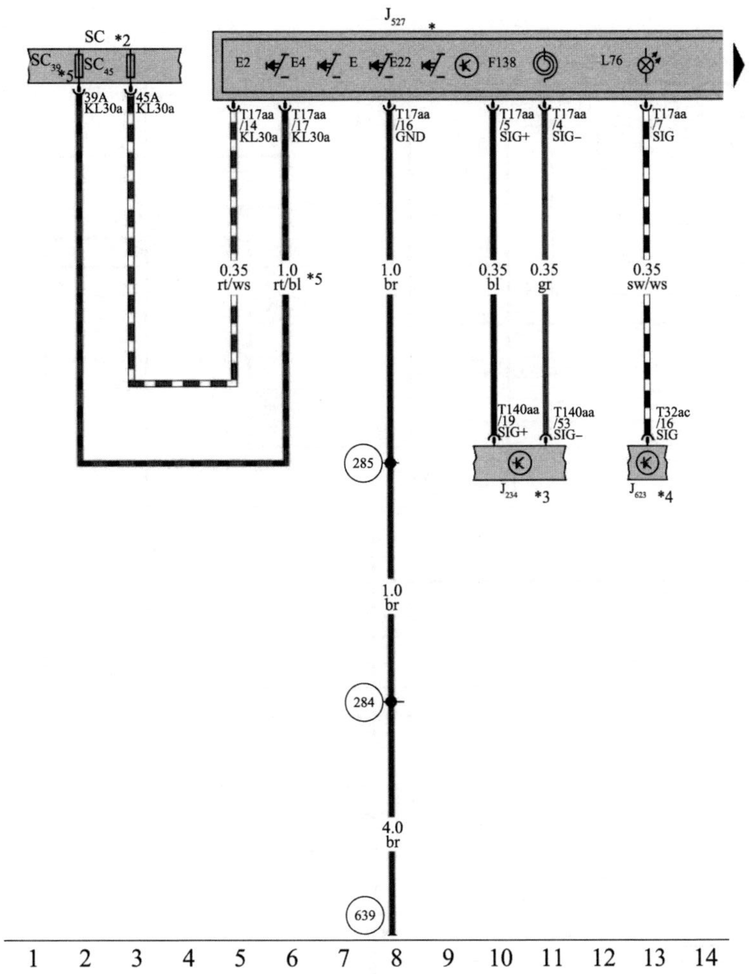

- 转向柱电子装置控制单元、熔断丝架C
- E — 前窗玻璃刮水器开关
- E2 — 转向信号灯开关
- E4 — 手动远光灯功能和远光灯瞬时接通功能开关
- E22 — 间歇式刮水器和带清洗器运行开关
- F138 — 安全气囊卷簧和带控制单元
- J_{234} — 安全柱电子装置控制单元
- J_{527} — 转向柱电子装置控制单元
- L_{623} — 发动机控控制单元
- L76 — 按钮照明灯泡
- SC — 熔断丝架C
- SC_{39} — 熔断丝架C上的熔断丝39
- SC_{45} — 熔断丝架C上的熔断丝45
- T17aa — 17芯插头连接、黄色
- t32aa — 32芯插头连接、灰色
- t140aa — 140芯插头连接、黄色
- 284 — 接地连接6，在车内导线束中
- 285 — 接地连接7，在车内导线束中
- 639 — 左A柱上的接地点
- * — 见多功能转向盘所适用的电路图
- *2 — 见车内保险丝所适用的电路图
- *3 — 见安全气囊所适用的电路图
- *4 — 见电动驱动系统发动机控制单元所适用电路图
- *5 — 用于带可加热式转向盘的汽车

ws = 白色
sw = 黑色
ro = 红色
rt = 红色
br = 褐色
gn = 绿色
bl = 蓝色
gr = 灰色
li = 淡紫色
vi = 淡紫色
ge = 黄色
or = 橘黄色
rs = 粉红色
tk = 绿松石
blk = 未绝缘

图4-49 刮水器开关电路

单元四 车辆典型系统电路图识读

电路图

- J₉₇₉ - 暖风装置和空调器的控制单元，熔断丝架B，熔断丝架C
- SB - 熔断丝架B
- SB10 - 熔断丝架B上的熔断丝10
- SC - 熔断丝架C
- SC34 - 熔断丝架C上的熔断丝34
- SC44 - 熔断丝架C上的熔断丝44
- SC66 - 熔断丝架C上的熔断丝66
- T2ad - 2芯插头连接，黑色
- T2ae - 2芯插头连接，黑色
- T17b - 17芯插头连接，黑色
- T17k - 17芯插头连接，黑色
- T20aa - 20芯插头连接，黑色
- TIUR - 车内的下部右侧连接位置
- Z20 - 左侧喷嘴加热电阻
- Z21 - 右侧喷嘴加热电阻
- 108 - 接地连接2，在左前导线束中
- B150 - 正极连接2(30a)，在车内导线束中
- C72 - 正极连接，在可加热喷嘴熔断丝束中
- * - 见发动机舱内熔断丝所适用的电路图
- *2 - 见空调器所适用的电路图
- *3 - 见车内熔断丝所适用的电路图

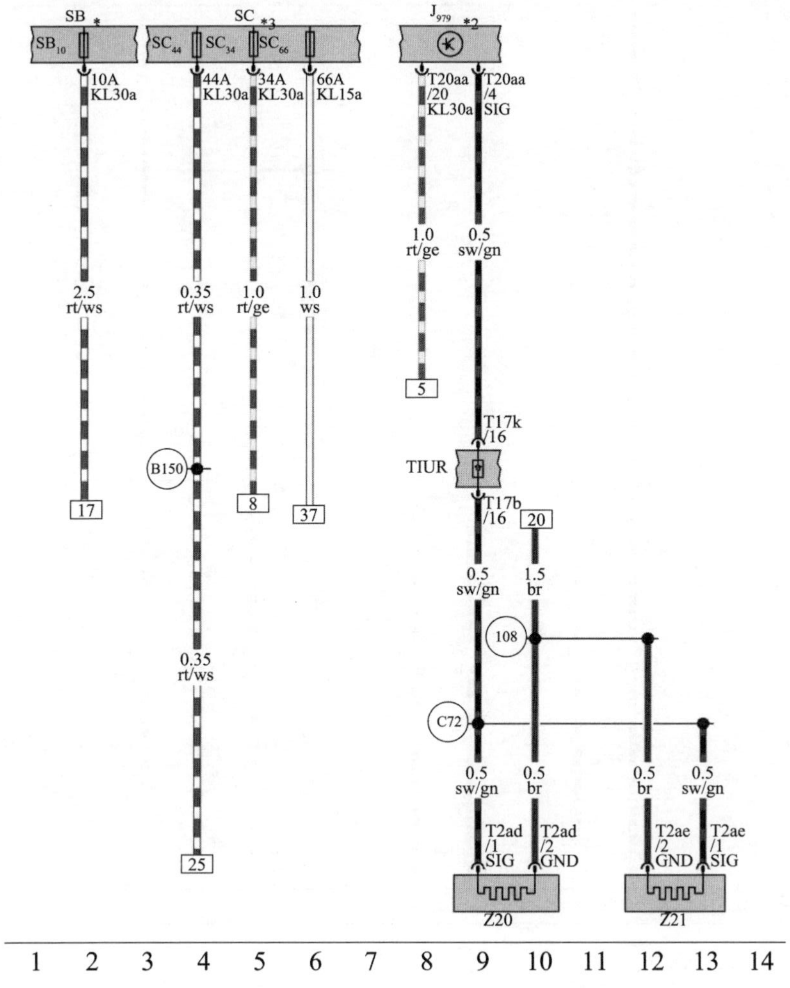

- ws = 白色
- sw = 黑色
- ro = 红色
- rt = 红色
- br = 褐色
- gn = 绿色
- bl = 蓝色
- gr = 灰色
- li = 淡紫色
- vi = 淡紫色
- ge = 黄色
- or = 橘黄色
- rs = 粉红色
- tk = 绿松石
- blk = 未绝缘

图4-50 电动刮水器电源电路

ID.4 CROZZ

电路图

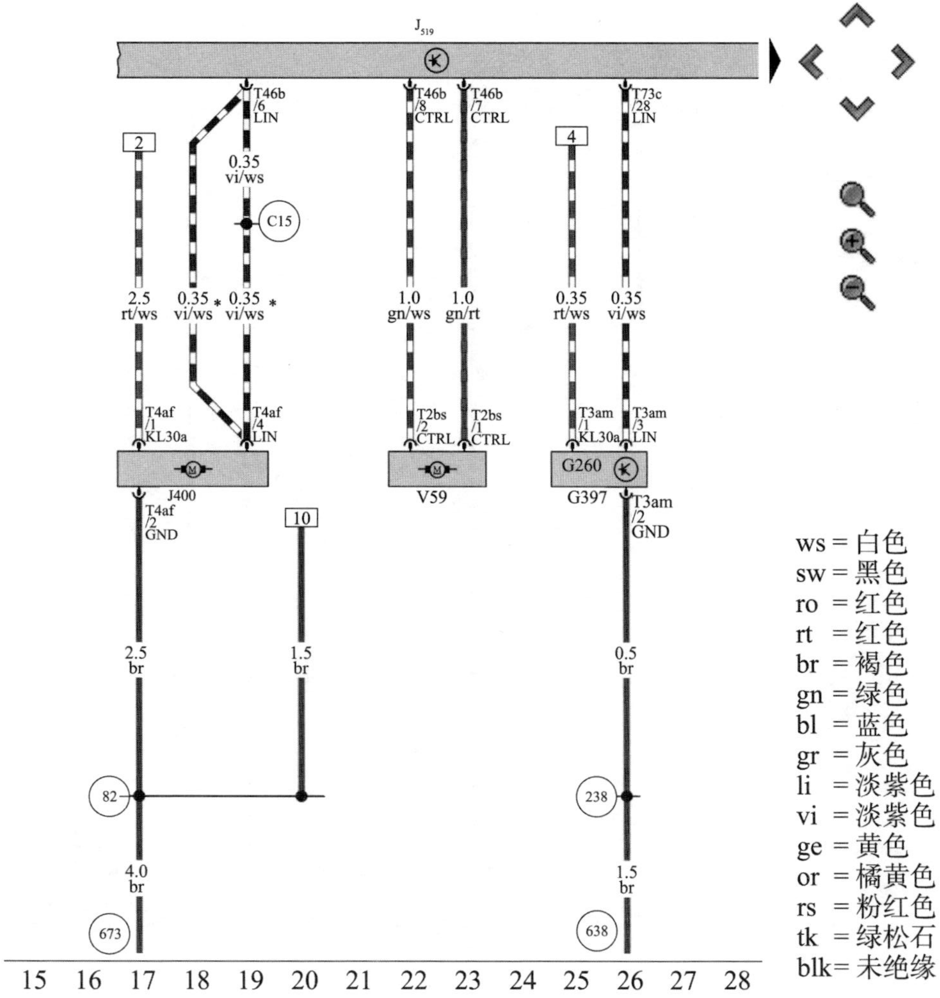

- 雨水与光线识别传感器、车载电网控制单元
- G260 - 空调器空气温度传感器
- G397 - 雨水与光线识别传感器
- J400 - 刮水器电机控制单元
- J519 - 车载电网控制单元
- T2bs - 2芯插头连接,黑色
- T3am - 3芯插头连接,黑色
- T4af - 4芯插头连接
- T46b - 46芯插头连接,黑色
- T73c - 73芯插头连接,黑色
- V59 - 前后窗玻璃清洗泵
- 82 - 接地连接1,在左前导线束中
- 238 - 接地连接1,在车内导线束中
- 638 - 右A柱上的接地点
- 673 - 左前大灯导线束中的接地点3
- C15 - 连接1,在大灯导线束中
- * - 依汽车装备而定

颜色代号:
- ws = 白色
- sw = 黑色
- ro = 红色
- rt = 红色
- br = 褐色
- gn = 绿色
- bl = 蓝色
- gr = 灰色
- li = 淡紫色
- vi = 淡紫色
- ge = 黄色
- or = 橘黄色
- rs = 粉红色
- tk = 绿松石
- blk = 未绝缘

图4-51 前刮水电机及洗涤泵电路

单元四 车辆典型系统电路图识读

车窗玻璃清洗液液位传感器,
车载电网控制单元
G33 — 车窗玻璃清洗液液位传感器
J519 — 车载电网控制单元
T2bt — 2芯插头连接,黑色
T4bp — 4芯插头连接,黑色
T10d — 10芯插头连接,黑色
T10e — 10芯插头连接,黑色
T10f — 10芯插头连接,黑色
T46b — 46芯插头连接,黑色
T73c — 73芯插头连接,黑色
THK — 行李舱盖的连接位置
THKL — 行李舱盖上的左侧连接位置
V12 — 后窗玻璃刮水器电机
151 — 接地连接1,在前部导线束中
218 — 接地连接1,在行李舱盖导线束中
469 — 接地连接20,在车内导线束中
729 — 左后轮罩上的接地点

电路图

ws = 白色
sw = 黑色
ro = 红色
rt = 红色
br = 褐色
gn = 绿色
bl = 蓝色
gr = 灰色
li = 淡紫色
vi = 淡紫色
ge = 黄色
or = 橘黄色
rs = 粉红色
tk = 绿松石
blk = 未绝缘

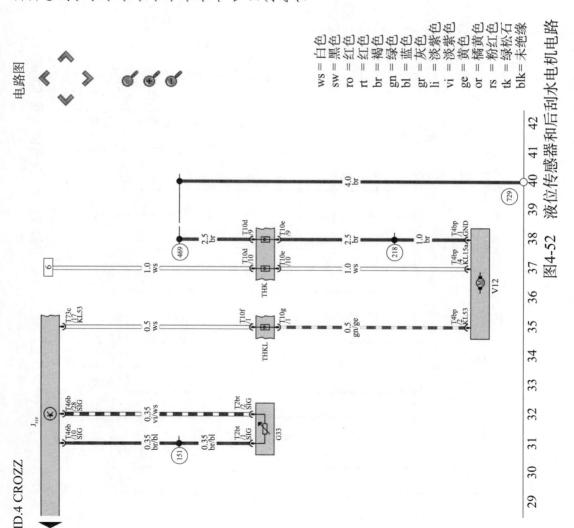

图4-52 液位传感器和后刮水电机电路

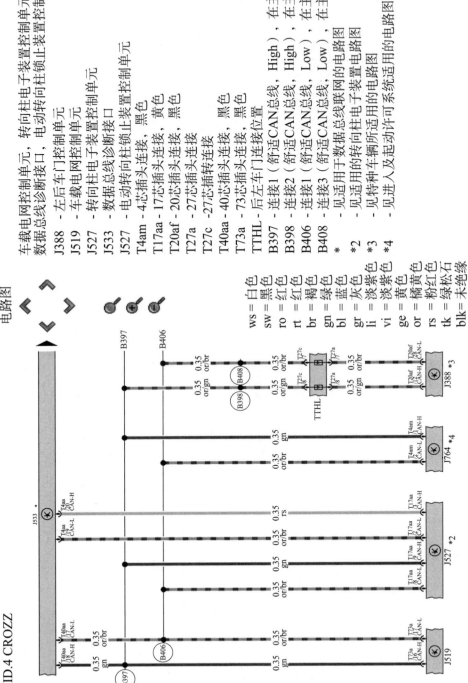

图4-53 CAN通信线路（局部）

前窗玻璃刮水器开关 E 和间歇式刮水运行开关 E22 位于转向柱电子装置控制单元 J527 中，两个开关根据驾驶员的操作，产生对应信号，由 J527 通过 CAN 网络与数据总线诊断接口 J533 通信，再由 J533 通过 CAN 网络线传递给 J519。J519 与前刮水电机控制单元 J400 之间采用 LIN 线通信，J400 根据指令控制刮水电机工作。

上海大众 ID.4 CROZZ 的开关不再直接控制电机电路工作，而是由开关产生数据信号，通过通信线路，实现控制单元之间的数据传递，最后由控制单元直接控制电机工作。该控制方式更智能，电路更简化，是汽车智能化控制的发展方向。

利用通信线路实现控制的系统电路图，在分析过程中，首先需分析传感器（包括开关信号）信号产生及传递的逻辑关系，涉及通信线路；其次是各个控制单元的电源电路，涉及正极线路和搭铁线路；最后是执行器电路，涉及电源线路和控制信号线路。电动刮水器其他功能电路可以通过相同方法分析。

课题七　汽车空调系统控制电路图识读

一、科鲁兹手动空调系统控制电路

鼓风机电动机控制模块是暖风、通风与空调系统控制模块和鼓风机电动机之间的接口。来自暖风、通风与空调系统控制模块、蓄电池正极和搭铁电路的鼓风机电动机转速控制信号启动鼓风机电动机控制模块运转。暖风、通风与空调系统控制模块向鼓风机电动机控制模块提供脉宽调制（PWM）信号以指令鼓风机电动机转速。鼓风机电动机控制模块将脉宽调制信号转换成相应的鼓风机电动机电压。电压为 2～13V，并且线性变化至脉宽调制信号的脉冲频率。

1. 鼓风机控制电路

雪佛兰科鲁兹鼓风机控制电路如图 4-54 所示。

鼓风机控制电路工作情况分析如下。

电动机的执行电路：

电源"＋"→F11DA→K8/X1/6#→K8/X2/1#→M8/A#→M8/B#→K8/X2/2#→搭铁。

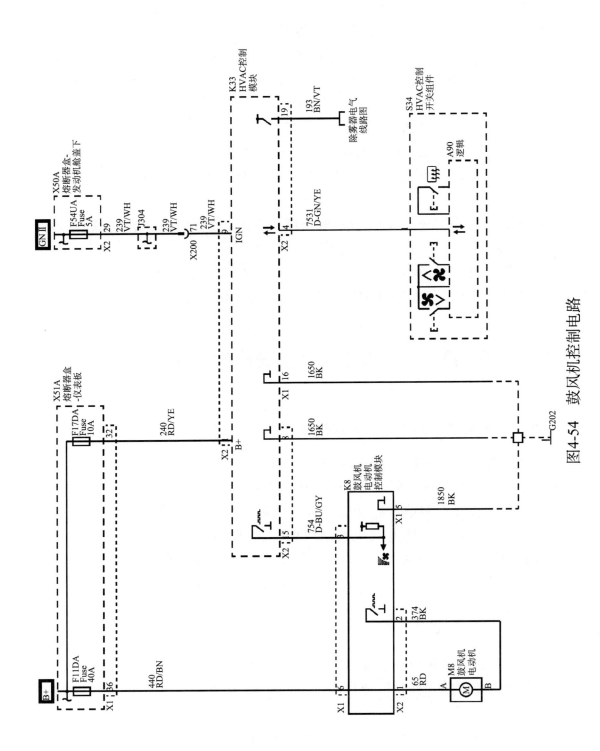

图4-54 鼓风机控制电路

鼓风机电动机的控制电路：

S34HVAC 控制开关组件发出开关指令，通过 S34/1#→K33/X2/4#LIN 线传送信号，K33HVAC 控制模块发出指令，控制 K33/X2/15#搭铁（脉宽控制），当 K8 鼓风电动机控制模块接收到搭铁信号，发出指令控制 K8/X2/2#搭铁（脉宽控制）。

2. 模式电动机控制电路

雪佛兰科鲁兹模式电动机控制电路如图 4-55 所示。

使用步进电动机调节温度、控制空气分配以及控制内循环风门。

通过暖风、通风与空调系统控制的相应开关，可以选择期望的空气温度风门位置、空气分配风门位置和内循环风门位置。所选的数值通过 LIN 总线传送到暖风、通风与空调系统控制模块。暖风、通风与空调系统控制模块向步进电动机提供 12V 参考电压，并用脉冲搭铁信号向 4 个步进电动机线圈供电。步进电动机将相应的风门移动至计算位置，以到达所选的温度/位置。

模式电动机控制电路工作情况分析如下。

模式风门执行电动机：

当 S34HVAC 控制开关发出指令，通过 S34/1#→K33/X2/4#LIN 线传送信号，K33 控制模式风门的 4 个步进电动机线圈搭铁（脉冲信号），B+→K33/X3/15#→M37/2#→电动机→M37/1.3.4.6#→K33/2.3.4.5#→搭铁。

温度风门执行电动机：

当 S34HVAC 控制开关发出指令，通过 S34/1#→K33/X2/4#LIN 线传送信号，K33 控制温度风门的 4 个步进电动机线圈搭铁（脉冲信号），B+→K33/X3/15#→M6/2#→电动机→M6L/1.3.4.6#→K33/11.12.13.14#→搭铁。

空气再循环风门执行电动机：

当 S34HVAC 控制开关发出指令，通过 S34/1#→K33/X2/4#LIN 线传送信号，K33 控制空气再循环风门的 4 个步进电动机线圈搭铁（脉冲信号），B+→K33/X3/15#→M46/2#→电动机→M46/1.3.4.6#→K33/16.17.18.19#→搭铁。

3. 压力传感器、蒸发器温度传感器、电磁离合器控制电路

雪佛兰科鲁兹压力传感器、蒸发器温度传感器、电磁离合器控制电路如图 4-56 所示。

控制电路工作情况分析如下。

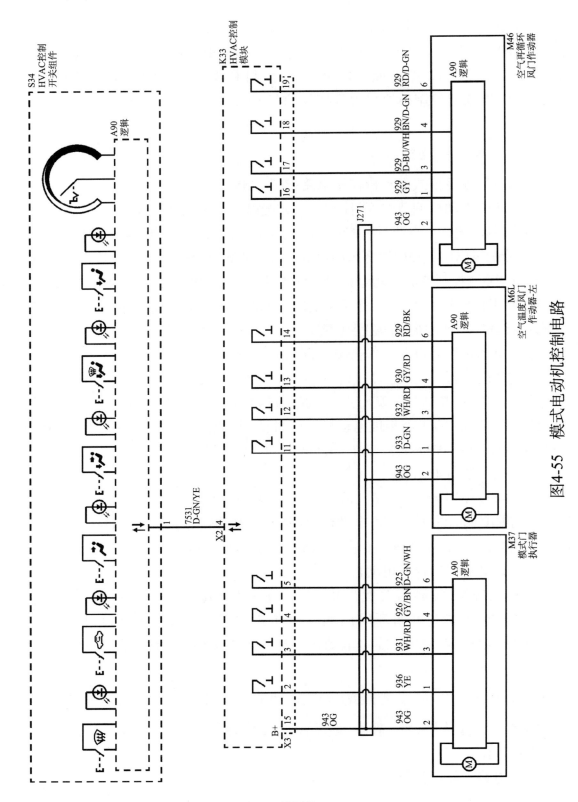

图4-55 模式电动机控制电路

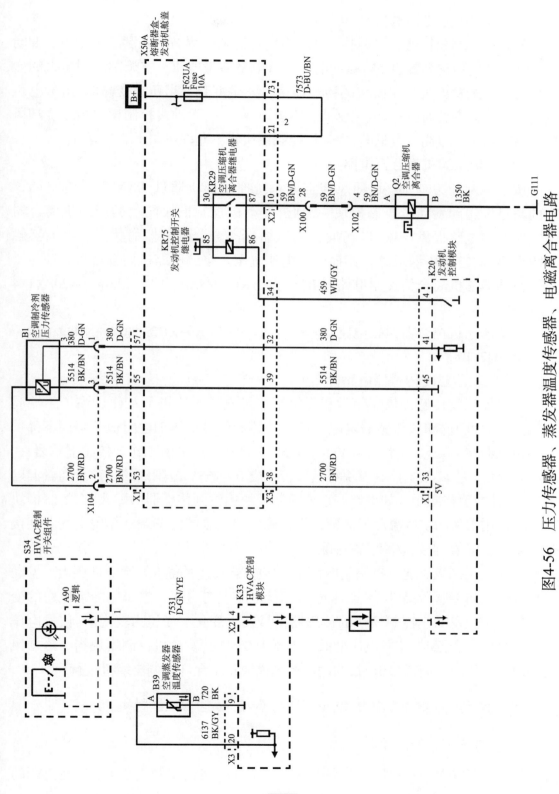

图4-56 压力传感器、蒸发器温度传感器、电磁离合器电路

(1) 空调压力传感器(B1)电路。

发动机控制模块通过空调制冷剂压力传感器来监测高压侧制冷剂压力。发动机控制模块向传感器提供 5V 参考电压和低电平参考电压。空调制冷剂压力的变化将使传送至发动机控制模块的传感器信号发生变化。当压力变高时,信号电压变高。当压力变低时,信号电压变低。当压力变高时,发动机控制模块指令冷却风扇接通。当压力过高或过低时,发动机控制模块将不允许空调压缩机运行。

(2) 空调压缩机离合器电路。

按下空调开关时,暖风、通风与空调系统控制模块通过 CAN 总线将空调请求的信息发送到发动机控制模块。因此,发动机控制模块向空调压缩机离合器继电器控制电路提供搭铁,以切换空调压缩机离合器继电器的状态。继电器触点闭合后,向空调压缩机离合器提供蓄电池电压。空调压缩机离合器将启动。

空调压缩机离合器控制电路:KR75/火→KR29/85#→KR29/86#→K20/X1/4#→搭铁。

空调压缩机离合器执行电路:电源"+"→F62UA→KR29/30#→KR29/87#→Q2/A#→Q2/B#。

(3) 蒸发器温度传感器电路。

蒸发器温度传感器依靠信号和低电平参考电压电路进行工作。当传感器周围的空气温度升高时,传感器电阻降低。传感器信号电压随电阻值下降而下降。

传感器在 -40～+85℃(-40～+185°F)的温度范围内工作。传感器信号在 0～5V 变化。空调系统控制模块将信号转换成 0～255V 范围内的计数。随着温度的升高,计数值将减小。如果空调系统控制模块检测到传感器故障,那么控制模块软件将使用默认的空气温度值。默认操作确保空调系统能够调整车内空气温度接近期望的温度值,直到故障已被排除。

发动机控制模块通过空调制冷剂压力传感器来监测高压侧制冷剂压力。发动机控制模块向传感器提供 5V 参考电压和低电平参考电压。空调制冷剂压力的变化将使传送至发动机控制模块的传感器信号发生变化。当压力变高时,信号电压变高。当压力变低时,信号电压变低。当压力变高时,发动机控制模块指令冷却风扇接通。当压力过高或过低时,发动机控制模块将不允许空调压缩机运行。

二、吉利帝豪EV450纯电动汽车自动空调控制电路

1. 空调控制单元电路

如图4-57～图4-59所示,空调控制单元(自动空调控制面板)是自动空调的

单元四 车辆典型系统电路图识读

控制核心,其电路包括电源电路、通信电路以及与传感器或执行器连接的电路。

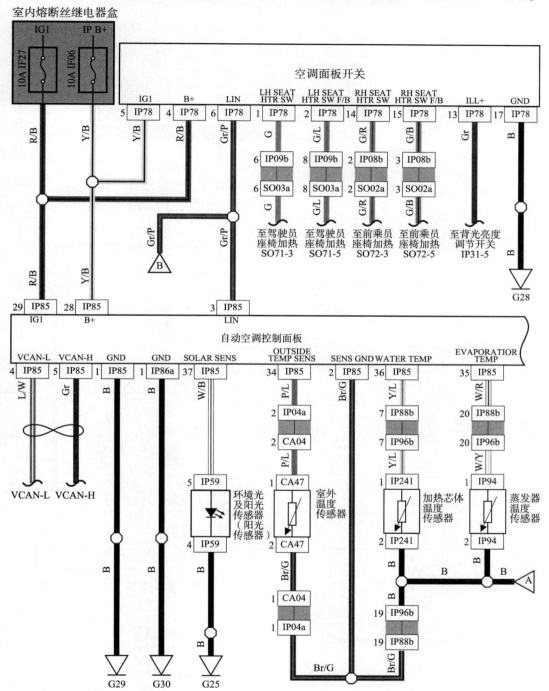

图 4-57 吉利帝豪 EV450 纯电动汽车自动空调控制电路(一)

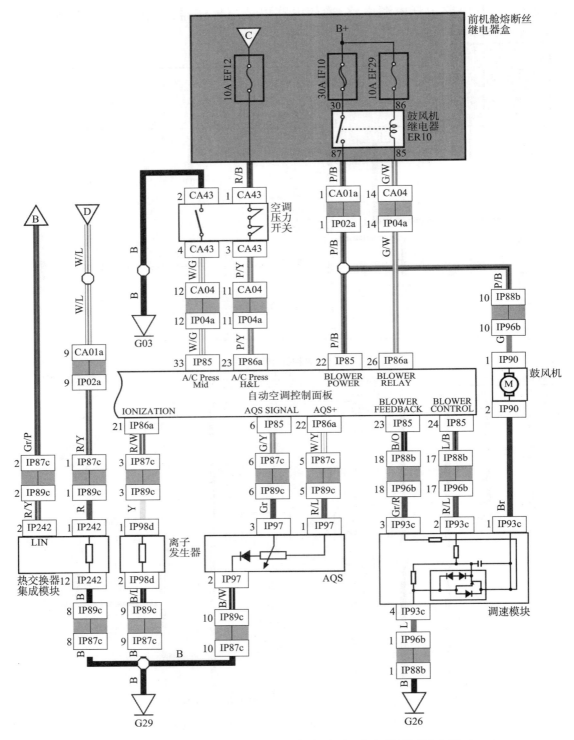

图 4-58 吉利帝豪 EV450 纯电动汽车自动空调控制电路(二)

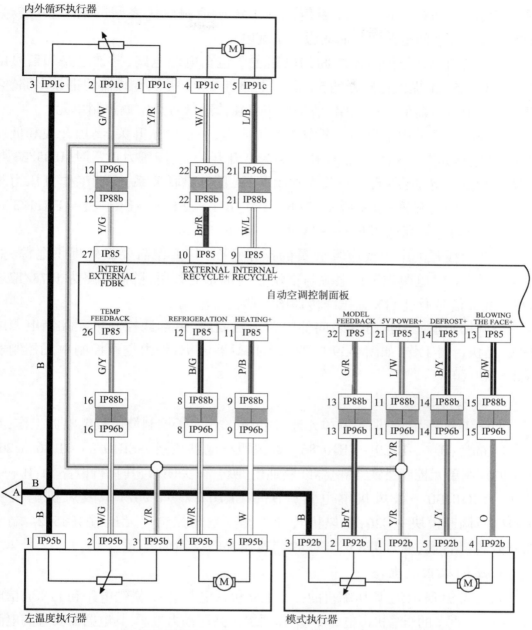

图 4-59 吉利帝豪 EV450 纯电动汽车自动空调控制电路(三)

空调控制单元电源电路如图 4-57 所示,其常电源电路:B+→IF06 熔断丝→IP85/28;工作电源电路:IG1 继电器→IF27 熔断丝→IP85/29;搭铁电路:IP85/1→G29 和 IP86/a→G30。

通信电路包括 LIN 通信线和 CAN 通信线。LIN 通信线用于传递空调控制单元、空调面板开关和热交换集成模块之间的信号(IP85/3、IP78/6、IP242/2),如

图 4-57 和图 4-58 所示。CAN 通信线用于传递控制模块之间的信号（IP85/4、IP85/5），具体查阅电路图手册的通信系统电路。

空调控制单元与传感器之间的电路主要包括电源电路、搭铁电路和信号电路，例如 IP85/21 提供传感器的 5V 电源电路，IP85/2 提供传感器的搭铁电路，它们都是多个传感器的共用电路，信号电路单独传递信号给空调控制单元。

空调压力开关用于识别判断空调系统压力，包括中压开关、高压开关和低压开关，其电路如图 4-58 所示。中压开关为常开开关，空调压力正常时，IP85/33 与搭铁点 G03 不导通；高低压开关为常闭开关，且呈串联关系，空调工作且压力正常时，如图 3-18 和图 4-58 所示，其电路为：B+→EF33→ER11/5→ER11/3→EF12→CA43/1→高低压开关→CA43/3→IP86a/23。

空调面板开关用于反应驾驶员的操作意图，其工作需要额外提供电源，如图 4-57 所示，常电源和工作电源与空调控制单元的共用，搭铁电路为 IP78/17→G28。开关信号通过 LIN 通讯线传递给空调控制单元。

空调控制单元与执行器之间的电路为控制线，由空调控制单元控制电源或搭铁，是执行器工作，如图 4-59 中的三个执行器电机，就由空调控制单元控制实现正转和反转。

2．鼓风机控制电路

如图 4-58 所示，空调控制单元通过 IP86a/26 端子控制鼓风机继电器工作，其控制电路为：B+→EF29→ER10/86→鼓风机继电器线圈→ER10/85→IP86/a/26。当空调控制单元控制搭铁，继电器线圈通电，吸合开关闭合，其执行电路为：B+→SF10→ER10/30→鼓风机继电器开关→ER10/87→IP90/1→鼓风机电机→IP90/2→调速模块→G26，鼓风机转动工作。空调控制单元通过 IP85/24 端子控制鼓风机转速，通过 IP85/23 接收调速模块的反馈信号。

3．压缩机控制电路

如图 4-60 所示，空调压缩机的控制电路包括电源电路、搭铁电路和 LIN 通信电路。纯电动汽车的压缩机由电力驱动，需要提供高压动力电源，其电路需要查阅电路图手册"高压配电系统"目录。图 4-60 中的 BV08/6 和 BV08/7 为高压互锁电路，用与监测纯电动汽车高压系统状况，其具体电路需查阅电路图手册"高压互锁"目录。

4．热管理控制电路

如图 4-61 和图 4-62 所示，当空调控制单元通过 IP86a/25 端子控制搭铁热管理继电器线圈通电，继电器开关闭合，热管理控制电路通过保险丝给电磁阀、水泵、PTC 加热控制器供电。

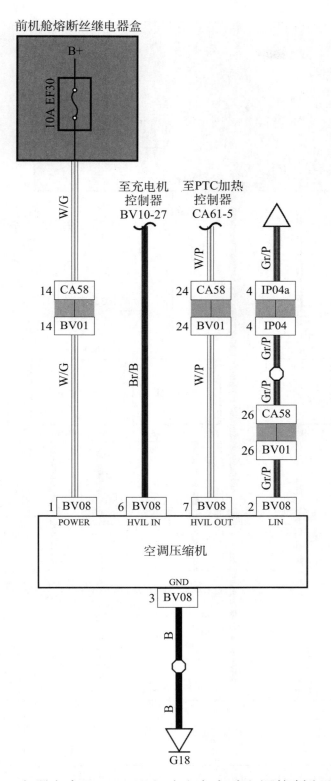

图 4-60　吉利帝豪 EV450 纯电动汽车自动空调控制电路(四)

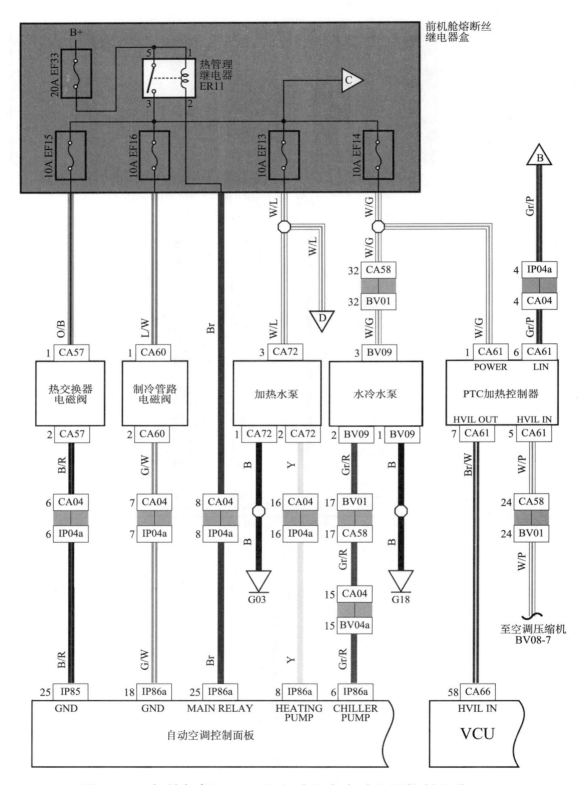

图4-61　吉利帝豪EV450纯电动汽车自动空调控制电路(五)

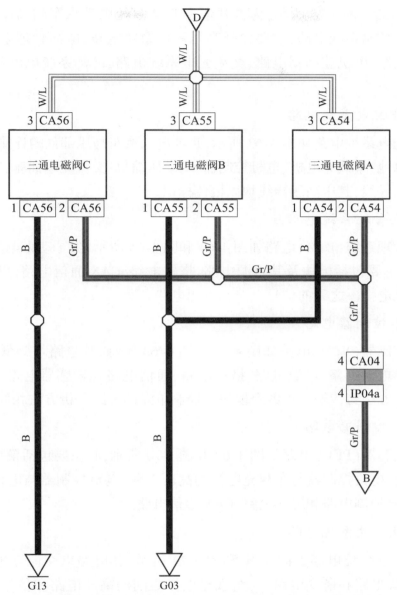

图 4-62 吉利帝豪 EV450 纯电动汽车自动空调控制电路（六）

 新能源汽车电力控制系统电路图识读

新能源汽车是指采用非常规车用燃料作为动力来源的汽车，在我国现阶段一般主要是指混合动力汽车、纯电动汽车和燃料电池汽车，它们在电路上与传统燃油车的最大区别是，在低压电路基础上，配有高压系统电路。

如图4-63~图4-75所示，为吉利帝豪EV450纯电动汽车的高压系统电路，又称为电力控制系统电路，主要包括高压配电系统电路、电池管理系统电路、整车控制器电路、电机控制器电路、交流充电系统电路、冷却系统电路和高压互锁电路。

1. 高压配电系统电路

高压配电系统电路如图4-63所示，是纯电动汽车高压部件的连接示意图，包括动力蓄电池、车载充电机、电机控制器、电动压缩机、交流充电插座、PTC加热控制器和高压导线，其中高压导线均以橙色标识。

2. 电池管理系统电路

电池管理系统（BSM）电路如图4-64和图4-65所示，除了动力电池提供的高压电路外，主要包括模块及其电源电路、搭铁电路、CAN通信电路，以及BMS模块与直流充电插座之间的信号电路和电源电路。

3. 整车控制器电路

整车控制器（VCU）电路如图4-66~图4-68所示，其电路均为低压电路，主要包括主继电器电路、电源电路、搭铁电路、通信电路和传感器电路。整车控制器电路分析方法与传统汽车各个模块或控制单元的电路分析方法相同。

4. 电机控制器电路

电机控制器（PEU）电路如图4-69和图4-70所示，其主要包括模块电源电路和搭铁电路，电机控制器与车载充电机的高压电路，电机控制器与电机的三相驱动电路、信号控制电路和屏蔽电路，CAN通信电路。

5. 交流充电系统电路

交流充电系统电路如图4-71和图4-72所示，其电路以交流充电插座为中心，包括电源电路和搭铁电路，与车载充电机之间的高压电路和信号电路，充电口盖状态开关电路，与动力电池之间的高压电路，与电机控制器和空调压缩机之间的高压互锁电路，CAN通信电路。

6. 冷却系统电路

冷却系统电路如图4-73和图4-74所示，包括冷却风扇电路和电机水泵电路。

冷却风扇由VCU控制工作，当VCU通过CA66/51端子控制ER05主继电器线圈搭铁，ER05主继电器开关闭合，给高低速风扇继电器线圈供电。

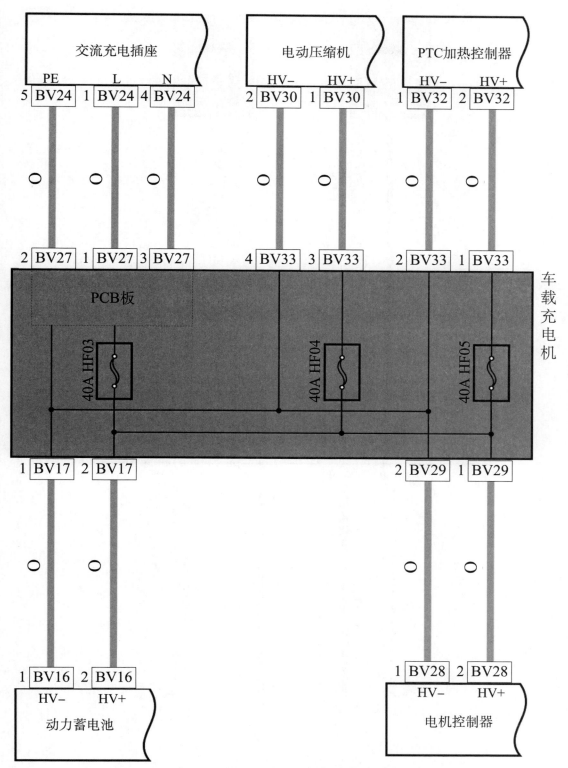

图 4-63　高压配电系统电路

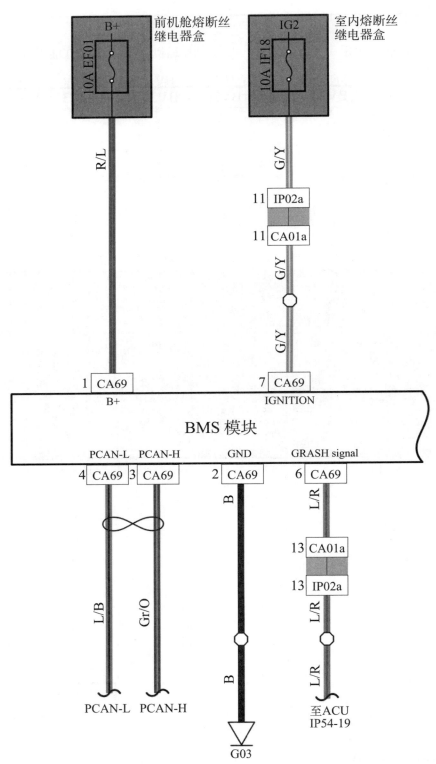

图 4-64 电池管理系统电路(一)

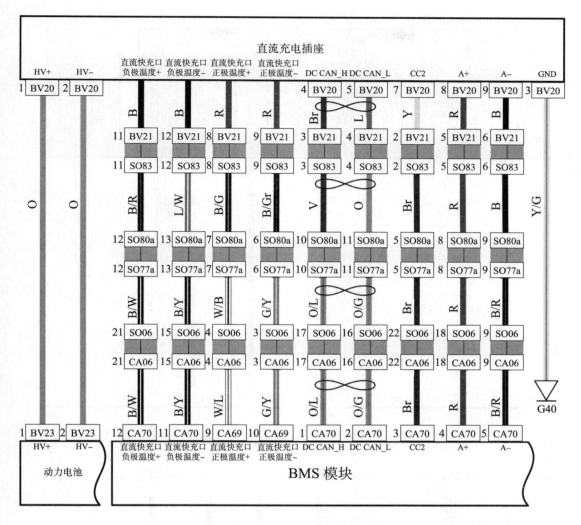

图 4-65　电池管理系统电路(二)

当 VCU 通过 CA67/128 端子控制 ER12 低速风扇继电器线圈搭铁,ER12 低速风扇继电器开关闭合,其工作电流路径为:B + →SF08→ER12/87→ER12 低速风扇继电器开关→ER12/30→CA30b/1(CA31/1)→风扇 1 电阻(风扇 2 电阻)→风扇 1 电机(风扇 2 电机)→CA30b/3(CA31/3)→G10;当 VCU 通过 CA67/127 端子控制 ER13 高速风扇继电器线圈搭铁,ER13 高速风扇继电器开关闭合,其电路路径为:B + →SF08→ER13/87→ER13 高速风扇继电器开关→ER13/30→CA30b/2(CA31/2)→风扇 1 电机(风扇 2 电机)→CA30b/3(CA31/3)→G10。CA66/10 和 CA66/11 分别反馈高低速风扇继电器的工作状态。

电机水泵电路的工作过程与冷却风扇电路相同,不再赘述。

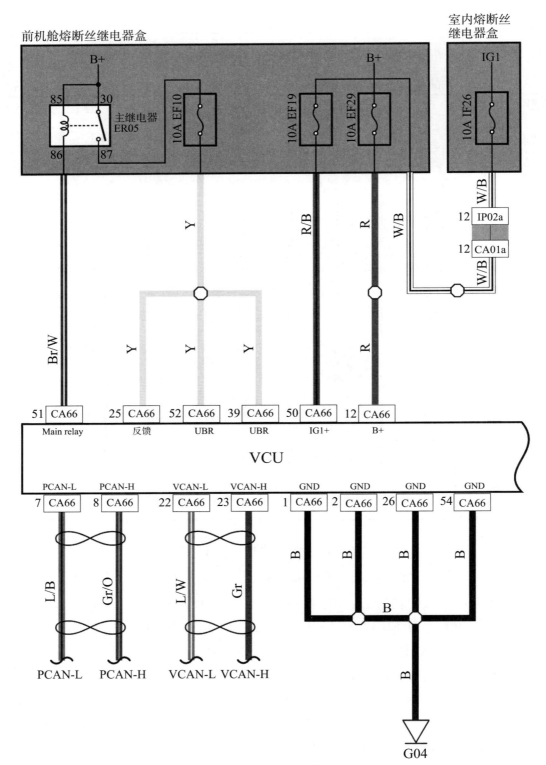

图4-66 整车控制器电路(一)

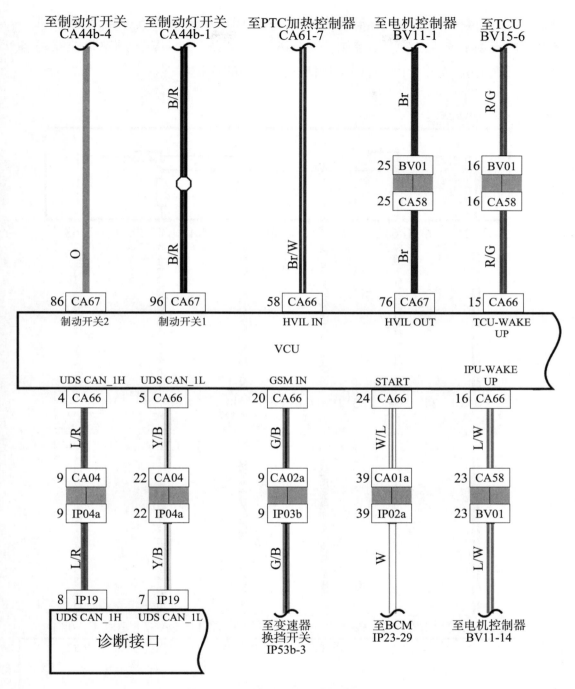

图4-67 整车控制器电路(二)

7. 高压互锁电路

高压互锁电路如图4-75所示,其电路包括VCU、电机控制器、车载充电机、空调压缩机、PTC加热控制器。其电路路径为:VCU→CA67/76→BV11/1→电机控制器→BV11/4→BV10/26→车载充电机→BV10/27→BV08/6→空调压缩机→BV08/7→CA61/5→PTC加热控制器→CA61/7→CA66/58→VCU。整个电路将各个高压部件串联成一个闭环,用于检测高压电路的连接状况。

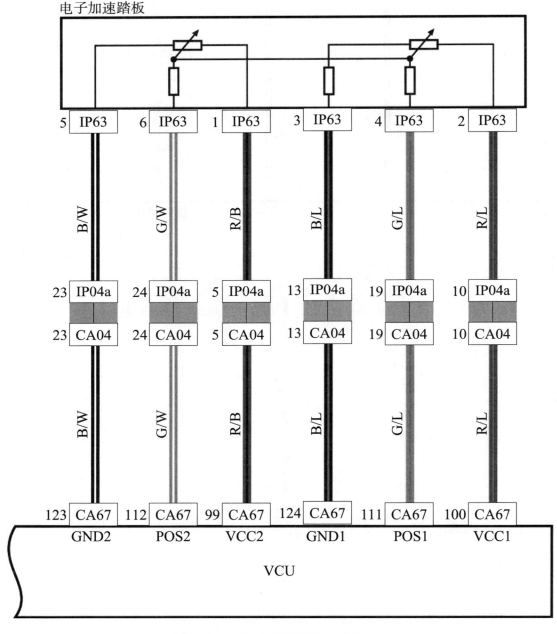

图4-68 整车控制器电路(三)

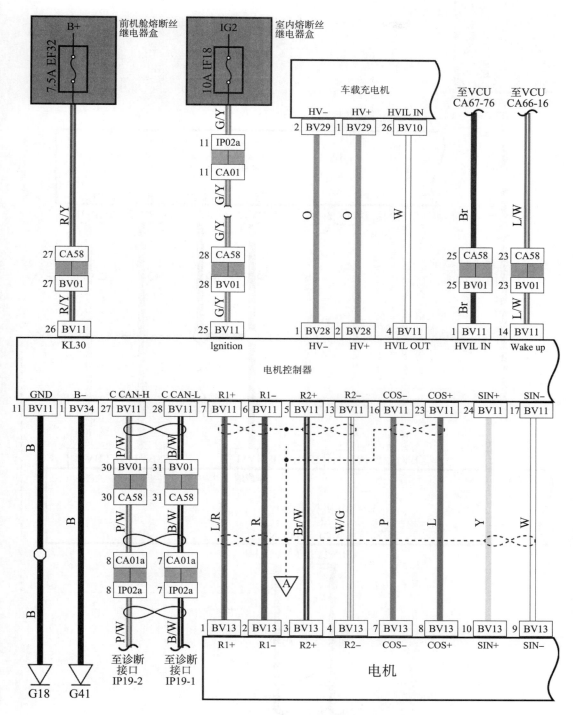

图 4-69　电机控制器电路（一）

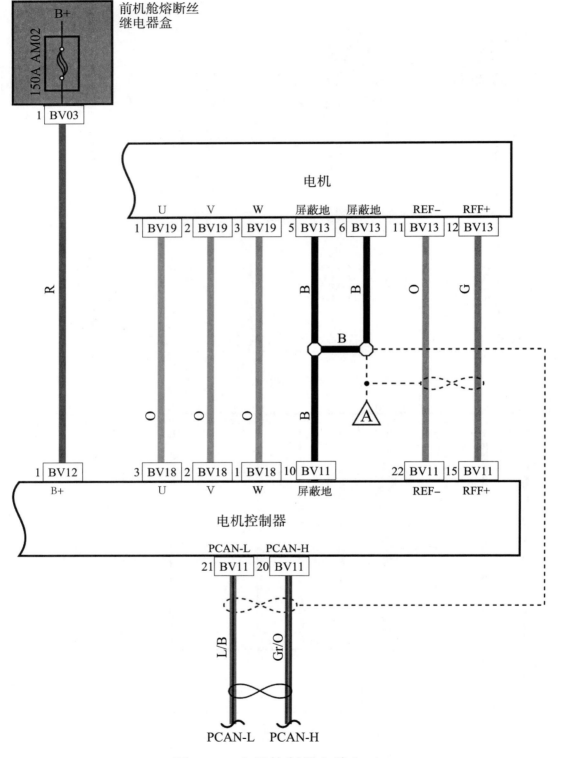

图 4-70　电机控制器电路(二)

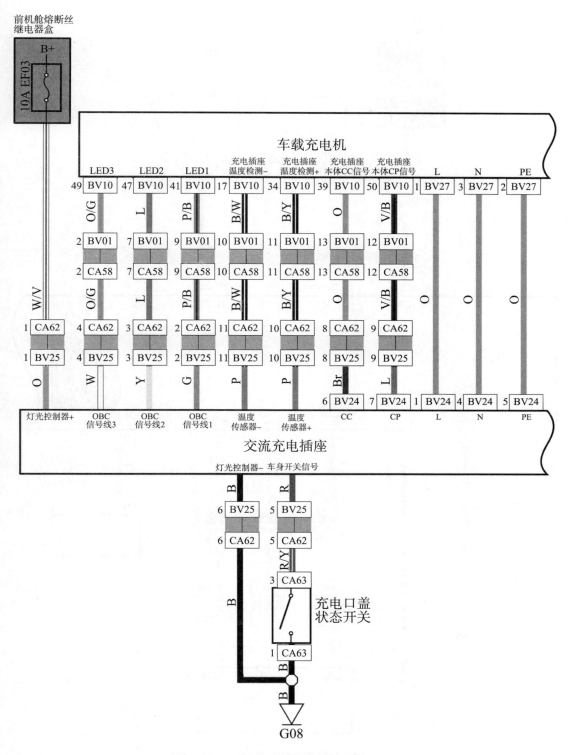

图 4-71 交流充电系统电路(一)

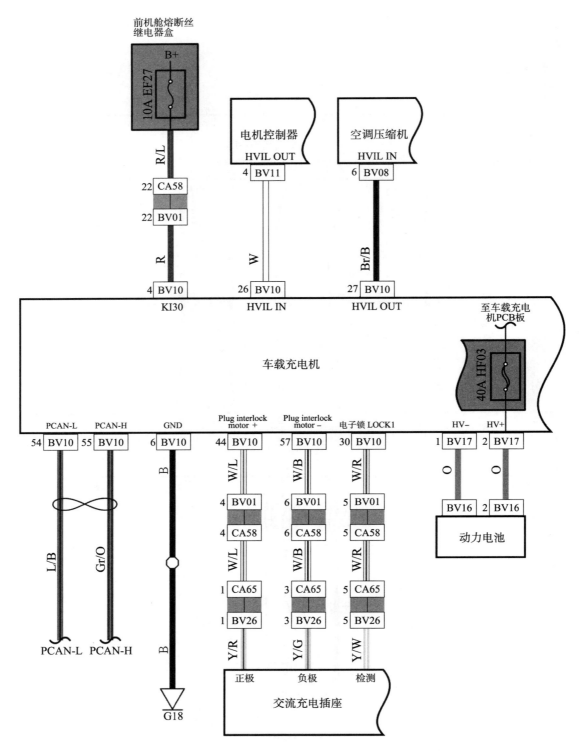

图 4-72 交流充电系统电路(二)

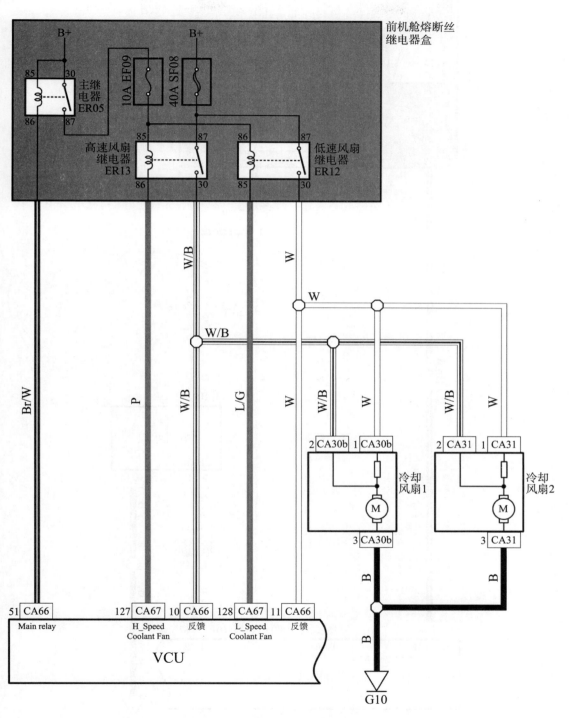

图 4-73 冷却系统电路(一)

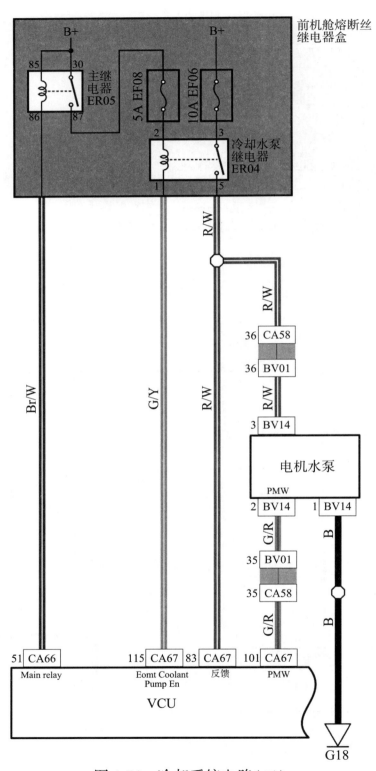

图4-74 冷却系统电路(二)

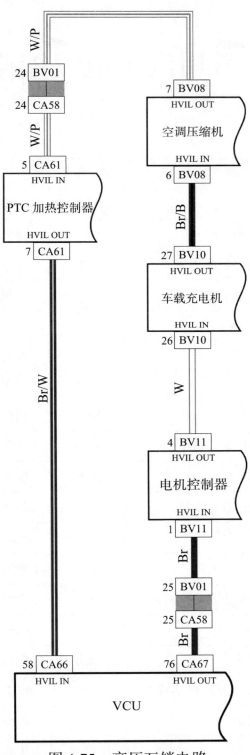

图 4-75　高压互锁电路

附表　常用汽车电气缩略词语

文字符号	缩略词语	文字符号	缩略词语
A	安培	AUX	辅助的
ABS	防抱死制动系统	BAT	蓄电池液量警告灯
ABRS	安全气囊保护系统	BATT	蓄电池
ABSV	空气旁通电磁阀	BEAM	前照灯远光指示灯
A/C	空调	BELT	安全带警告灯
AC	交流电、空调	BF/S	制动液面传感器
ACC	附件	B/LP	倒车灯
ACG	交流发电机	BLA	黑色
A/D	模/数转换	BLU	蓝色
ADC	模/数转换器	BRN	棕色
ADECS	柴油机电子控制系统	BRK	制动警告灯
A/F	空燃比	BS	倒车灯开关
ALU	运算器	BU	蜂鸣器
ALTR	交流发电机	C	电容
AM	调幅、电枢	CA	曲轴转角
AMP	电流表	C&M	维护修理
AP	压缩机、大气压力传感器	CAL	校正
AT	自动变速器	CAP	曲轴转角位置
AUTO	自动的	CARB	化油器

附表 常用汽车电气缩略词语

续上表

文字符号	缩略词语	文字符号	缩略词语
CCrO	三元催化转换器	DR	车门开关
CCC	计算机指令控制系统	E	搭铁
CCT	计算机控制点火正时	EAS	电子控制的空气悬架系统
CU	电容放电点火系统		
CFI	福特汽车公司的集中喷射系统	EAT	电子控制的自动变速器
		ECA	电子控制装置
CHG	充电指示灯	ECT	电子控制变速器
CHK	检查	ECU	电子控制装置
CLCC	闭环化油器控制	EDIC	电子式柴油喷射控制系统
COL	颜色		
COMPR	压缩机	EEC	发动机电子控制装置
CP	曲轴位置传感器、烛光	EFC	电子燃油控制系统
CPU	中央处理器	EFG	电子燃油表
CR	压缩比、氯丁橡胶	EGI	电子控制汽油喷射装置
CR	乳白色	EGR	废气再循环
CLS	反馈控制	EHC	电子液压控制器
CRT	阴极射线管	EI	电子点火、晶体管点火
D,DOOR	车门未关警告灯	EIN	发动机号码
D/A	数/模转换	EST	电子点火正时控制装置
DC	直流电	ELC	电子锁止离合器
DEF	去雾器开关	EM	电磁的
DIS	无分电器点火系统	EMF	电动势

续上表

文字符号	缩略词语	文字符号	缩略词语
EMI	（车辆的）电磁波干扰	ECD	电子控制式柴油机系统电子控制装置
ECI	（日）三菱汽车的电子控制燃油喷射装置	EIS	电子点火、晶体管点火系统
ECI-Turbo	涡轮增压发动机电子控制燃油喷射装置	ELS	电子自动调平悬架
EFI	（日）丰田汽车的电子控制汽油喷射装置	EMC	汽车电子装置对汽车的电磁环境适应（相容）性
EFM	（美）克莱斯勒公司的电子燃油控制系统、电子燃油计量装置	ERGS	电子行车路线导向系统
		ESA	电子点火提前控制系统
		ESC	电动悬架系统、电子点火控制器
ECC	电子控制化油器、电子控制离合器	ESS	发动机转速传感器
GRN	绿色	EXH	排气温度警告灯
GRY	灰色	EXP	出口
H/D	加热器/除霜器	EXT	外部
HDAC	空调总成	F	磁场
HEI	高能点火	FACS	全自动阻风门控制系统
HF	高频	F/G	燃油表
HI	高的	FE	燃油喷射装置
HL	前照灯近光	FL	防雾灯、满负荷
ECCS	（日）日产汽车的电子式发动机集中控制系统	FO	点火顺序
		FR	前方

附表　常用汽车电气缩略词语

续上表

文字符号	缩略词语	文字符号	缩略词语
FREQ	频率	IDIS	五十铃双燃油喷射系统
FT	节气门全开	IEC	国际电工委员会
FU	闪光器	IIA	分电器、点火线圈一体化的点火装置
F/U	燃油表传感器		
FUEL	燃油表	ILL	照明
F/W	燃油警告灯	IMIS	驾驶员综合信息系统
G	点火基准信号	IND	指示灯
GB	（中国）国家标准	INJ	喷射
GM	美国通用汽车公司	INT	间隙
KCS	爆震控制系统	I/O	输入/输出
KW	千瓦	I/PANEI	仪表板
L	载荷	I/PNL	仪表板
LCD	液晶显示	ISC	怠速控制系统
LED	发光二极管	I-TEC	（日）五十铃汽车发动机全电子控制系统
LH	左的、左手的		
LI	牌照灯	IVR	仪表稳压器
LO	低速	JACV	压燃室空气喷射控制阀
H/LP	前照灯	JASP	进气口二次空气喷射
HL/WSHR	前照灯洗涤器	KB	开关板、键盘
HO	喇叭	NL	无负荷
HU	前照灯远光	NO	号码
IC	集成电路	NOx	氮氧化物

续上表

文字符号	缩略词语	文字符号	缩略词语
NPN	NPN型三极管	MEO	维护技术规范
NTC	负温度系数	MFI	机械式燃油喷射装置
O/G	油压表	MID	中间
OIL	油压警告灯	MIN	最小
ON/OFF	接通/断开	MISAR	美国通用汽车公司微机控制点火系统
ON,ONR	辛烷值		
OPN	打开	MPI	多点喷射
ORG	橙色	MPU	微处理机
O/U	油压表传感器	MRN	栗色
OWC	单向离合器	MSCD	多火花电容放电系统
L-R	左-右	MS System	机械电子式点火正时控制装置
LSI	大规模集成电路		
Lx	勒克斯(光照度单位)	NAPS	(日)日产汽车排气净化系统
M	中间、中等		
MAP	进气歧管绝对压力传感器、点火提前角控制脉谱图	R	电阻
		R/LM	随机存储器
		ROM	只读存储器
MAT	进气歧管空气温度传感器	RDC	减少、降低
MC	微型计算机	RDO	收音机
MCA	三菱汽车排气净化系统	RE	红色、转子发动机
MEI	技术说明书	RED	红色、减少的
MECH	机械的	RF	车顶

附表 常用汽车电气缩略词语

续上表

文字符号	缩略词语	文字符号	缩略词语
RH	右的、右手的	TAR	右尾灯
RPM	转每分	TBI	美国通用汽车公司发动机集中控制系统
RPS	转每秒		
RR	后部	TCC	液力变矩器
RSB	紫红色	TCCS	（日）丰田汽车发动机的计算机控制系统
P/B	驻车制动器灯		
PC	专用计算机	TCI	晶体管点火系统
PCB	印刷电路板	TCR	电阻温度系数
PDS	程序控制驾驶系统	TEL	电话机
PE	光电的、压电的、聚乙烯	TEM	丰田汽车电子调整悬架
PEAK	驻车制动指示灯	TEMP	冷却液温度表
PHE	可编程高能点火系统	T/G	冷却液温度表
PS	电源、动力转向	TP	节气门位置传感器
Press	压力调节器	TTL	晶体管-晶体管逻辑电路
PROM	可编程只读存储器	TUL	左转向指示灯
PTC	正温度系数、正温度系数电热丝自动阻风门加热器	TUR	右转向指示灯
		TURN	转向指示灯
PW	脉冲宽度	TV	电视
P/W	电动车窗	TWC	三元催化系统
PNK	粉红色	UCL	控制上限
PNL	面板	UNIVAC	通用电子计算机
QOS	快速起动装置	VAC	真空度警告灯

续上表

文字符号	缩略词语	文字符号	缩略词语
RWD	在后部的	VIO	紫色
S	停车灯	VLSI	超大规模集成电路
SA	点火提前角、半自动的	VOL	容积
SAE	美国汽车工程师协会	VOLT	电压表
SERV	维修服务	VELNAS	车辆电子导航系统
SG	信号发生器、火花塞间隙、比重	VSS	汽车速度传感器
SIL	银色	VSV	电气式真空(负压)通道控制阀
SI	火花点火	W	加温
SPI	单点喷射	WA	洗涤电动机
ST	起动	WASH	洗涤器液量警告灯
STD	标准	WI	刮水器电动机
STOP	制动信号灯	WDO	窗
SUS	悬架	WHT	白色
SW	开关、短波	WO	无色
SYS	系统	WPR	刮水器
TACHO	转速表	WT	警告标志
TAL	左尾灯	YEL	黄色
VCS	真空控制电磁阀	ZP	零电势、零电位
VFD	真空荧光显示器	—	—

参考文献

[1] 崔淑丽. 汽车电路识图[M]. 北京:人民交通出版社,2002.
[2] 李春明. 汽车电路读图速成[M]. 北京:北京理工大学出版社,2003.
[3] 邵恩波,吴政清. 怎样读汽车电路图[M]. 北京:中国电力出版社,2005.
[4] 孙余凯,项绮明. 汽车电器识图技巧[M]. 北京:人民邮电出版社,2003.
[5] 刘春晖,王学军. 汽车电路图[M]. 北京:机械工业出版社,2021.
[6] 刘春晖. 汽车电路图识读与故障检修[M]. 北京:机械工业出版社,2019.
[7] 麻友良. 叶海见汽车电路图识读与电路分析[M]. 北京:机械工业出版社,2020.